1min

20min

40min

60min

90min

図解

90分でおさらいできる

常識の日本史

彩図社

監修

宮瀧交二

大東文化大学教授

はじめに

本書を手にとった皆さんは、学生時代の日本史の授業に、どのような印象を持っていますか？

戦国時代や幕末など、それぞれに好きな時代はあったかもしれませんが、難解な読み方の人名や政策、次々に登場する年号を覚えることに、ただただ苦しんだ記憶がほとんどではないでしょうか。

しかし、興味は持てなくても、試験はやってきます。慌てて語呂合わせで用語や年号を頭に叩き込み、眠い目をこすりながら解答用紙を埋めたとたん、一夜漬けで覚えた知識はきれいさっぱり無くなっていたことでしょう。

「どうせ大人になってから歴史の知識なんて必要としない」――。

そう決めつけてしまった人は、社会に出てから後悔することになります。目上の人との会話はもちろんですが、何より現代の日本で起こっている問題について考えるとき、どうしても最低限の日本史の知識が必要になってくるのです。

天皇制の問題は、天皇家の成り立ちと発展の経緯を抜きにしては語れませんし、日本を取り巻く国々との関係だって、これまでの戦いや協調の歴史を知らなければ、正確に理解することは困難です。しかしながら、大人になってから歴史を学び直そうと思ったところで、また一から教科書をめくる気力と時間はどこにもありません。

本書は、そんな人たちのために書かれました。

1分で読み通すことができる項目を90個、つまりたったの90分あれば、日本史の常識がきれいに理解できる構成になっています。さらに理解を助けるために、イラストを使った図解も用意しました。

また、非常に重要な部分にはマーカーを引いてありますので、日本史の流れだけを抑えたい方は、この部分を先に読むのも良いでしょう。

章構成は、地球そして日本が誕生した「原始・古代」、武士が政治の表舞台に台頭した「中世」、泰平の世がもたらされ、平和を謳歌した「近世」、大日本帝国のもと植民地獲得競争に勝利し、また敗れた「近代」――。

我が国の誕生から、現在の日本国が成立するまでの〝常識の日本史〟がすっきり学べる構成となっています。

本書を通じて、ひとりでも多くの読者が歴史に親しんで頂ければ、これほどの喜びはありません。

目次

【図解】90分でおさらいできる　常識の日本史

はじめに……2

第1章　原始・古代……11

▼原始・古代年表……12
◎日本列島の形成と日本人の起源……14
◎旧石器時代から弥生時代へ……16
◎小国の時代から邪馬台国へ……18
◎古墳時代と大和朝廷……20
◎統一政権による氏姓制度……22
◎蘇我氏の台頭と推古天皇誕生……24
◎聖徳太子の国家改革……26
★飛鳥文化……28
◎大化の改新と律令国家への道……30
◎大宝律令による律令制の実施……32
★白鳳文化……34
◎奈良の都、平城京の時代……36

◎土地政策と農民の苦しみ……38
◎桓武天皇の蝦夷征討と政治改革……40
◎藤原氏支配の完成と摂関政治……42
◎武士の誕生……44
◎院政と武士の政治進出……46
◎平氏の政権と栄枯盛衰……48
★平安文化……50
古代を代表する人物　藤原道長……52

第2章　中世　53

▼中世年表……54
◎源平の争乱と平家の滅亡……56
◎武家政権、鎌倉幕府……58
◎北条氏と執権政治……60
◎武士の土地支配と生活……62
◎元寇と鎌倉幕府の衰亡……64
◎鎌倉時代の新しい動向……66
◎建武の新政と南北朝……68

◎建武式目の制定と室町幕府……70
◎足利義満と幕府の機構……72
◎東アジアとの交易と倭寇……74
◎足利義政と応仁の乱……76
◎下剋上と社会の発達……78
★室町文化……80
◎幕府の弱体化と戦国大名の登場……82
◎室町幕府の滅亡と織田信長……84
中世を代表する人物 平清盛……86

第3章 近世 87
▼近世年表……88
◎ヨーロッパ人の来航と南蛮貿易……90
◎信長の事業と本能寺の変……92
◎豊臣秀吉の全国統一……94
◎秀吉の国内・対外政策……96
◎関ヶ原の戦いと江戸幕府……98
★桃山文化……100
◎幕府のしくみと制度……102

◎江戸幕府の職制……104
◎幕藩体制の基盤、農民支配……106
◎城下町と町人……108
◎外交と鎖国政策……110
◎禁教と長崎貿易……112
◎農業・産業の発達……114
◎交通網と街道の整備……116
◎商業・貨幣・金融……118
★元禄文化……120
◎4代将軍家綱の文治政治……122
◎生類憐みの令と正徳の治……124
◎吉宗の幕政改革　享保の改革……126
◎老中松平定信　寛政の改革……128
◎世界情勢の変化と異国船打払令……130
◎大塩の乱、天保の改革……132
◎雄藩の台頭……134
◎儒学の普及と思想の多様化……136
近世を代表する人物　徳川吉宗……138

第4章 近現代 139

▼近現代年表……140
◎開国・開港そして安政の大獄……142
◎公武合体と尊王攘夷……144
◎討幕運動と薩長同盟……146
◎大政奉還と王政復古……148
◎戊辰戦争と新政府、明治維新……150
◎廃藩置県と地租改正……152
★文明開化……154
◎富国強兵と殖産興業……156
◎対外政策をめぐる内紛……158
◎新政府に対する不満……160
◎自由民権運動と国会開設……162
◎政党の成立と明治憲法制定……164
◎日本最初の衆議院議員選挙……166
◎不平等条約の改正……168
◎日清戦争、三国干渉……170
◎日清戦争後の日本と日英同盟……172
◎日露戦争開戦……174

◎日露戦争後の国際関係……176
◎明治の産業と社会運動……178
◎第一次世界大戦……180
◎日本の中国への進出……182
◎ヴェルサイユ条約と国際連盟……184
◎社会運動の活発化と普選運動……186
◎金融恐慌から世界恐慌へ……188
★大衆文化……190
◎満州事変そして国連脱退……192
◎日中戦争と国家総動員法……194
◎太平洋戦争への突入……196
◎敗戦そして戦後……198
◎民主化政策と日本国憲法制定……200
◎国際連合の成立と冷戦……202
◎占領政策の終了と講和条約……204
主要参考文献・写真出典……206

第1章

原始・古代

Shotokutaishi

Himiko

原始・古代

地球ができたのは、今から約46億年前といわれています。地球上に人類が生まれたのは約500万年前のことです。人類の先祖と考えられているのは東アフリカの猿人で、原人→旧人→新人と進化し地球上の各地へと広がっていったのです。

日本列島が形成されたのは、おおよそ1万年前のことで、日本の歴史はその頃から始まることになります。

世界では、紀元前7000年頃にはエジプト、メソポタミアで農耕や牧畜が行なわれていた記録があります。日本では狩猟・採集中心の縄文時代から、稲作を積極的に受け入れる弥生時代が幕を開け、本格的な農耕文化へと移行します。稲作を中心とする生活は、人々の間に貧富の差を生み、やがて階級がおこり社会が形成されます。

そして小国があちらこちらにできてくると争いが始まり、権力をもつ者が出現し「クニ」ができます。複数の小国「クニ」をまとめていたといわれるのが、邪馬台国の女王・卑弥呼です。邪馬台国がどこに

おもな日本の出来事

100万BC7万	ナウマンゾウ・オオツノジカが大陸を往来
1万	縄文土器登場
5000	竪穴住居ひろまる
	釣り針や銛による漁
	貝塚がつくられる
	土偶がつくられる
1000	亀ヶ岡文化
400頃	稲作のはじまり
	鉄器・青銅器の伝来
	弥生土器登場
300頃	青森県まで稲作
100頃	高地性集落や環濠集落
1AD	
57	倭の奴国王、後漢の光武帝から金印紫綬を受ける
184	この頃、倭国大乱
	邪馬台国に女王卑弥呼
248	この頃、卑弥呼没
	壱与が女王に
391	倭国、朝鮮に出兵
404	高句麗と戦い、敗れる
513	百済より五経博士来日
527	筑紫国造磐井の乱
538	仏教伝来
587	蘇我馬子、物部守屋を滅ぼす
593	聖徳太子、摂政になる
603	冠位十二階を制定
604	十七条憲法を制定
607	小野妹子ら遣隋使を送る
643	蘇我入鹿、山背大兄王を自殺させる
645	乙巳の変・大化の改新始まる
658	阿倍比羅夫、蝦夷を討つ
663	白村江の戦い
667	近江大津宮に遷都

Minamoto Yoritomo

Taira Kiyomori

あったのかについては、九州説・近畿説などをはじめとして、今も研究がすすめられている段階です。

　当時の様子を伝えているのは中国の『漢書』や『後漢書』などで、中国や朝鮮半島との関係が強かったことが記されています。大和政権が誕生すると、各地の豪族の存在が大きくなり権力争いをおこします。

　中国では律令制のもとで隋・唐が国家を統一し栄えていたことから、日本でも律令国家を目指して国家体制を整備しようとします。これより先に中国から伝来した仏教は、国家建設にも大きな影響を及ぼすなど、重要な位置を占めていました。

　国家体制の整備がすすむ一方で、豪族らの権力争いも熾烈をきわめ、そのなかで権力を握ったのが藤原氏でした。摂政・関白という地位を独占し天皇の側近として権力をほしいままにします。貴族による支配は、やがて地方で成長した武士に代わるようになります。

668 中大兄皇子即位（天智天皇）
670 庚午年籍作成
672 壬申の乱
673 大海人皇子即位（天武天皇）
701 大宝律令施行
708 和同開珎鋳造
710 平城京遷都
723 三世一身法制定
729 長屋王の変
740 藤原広嗣の乱
743 墾田永年私財法制定
757 橘奈良麻呂の乱
759 鑑真、唐招提寺を創建
764 藤原仲麻呂（恵美押勝）の乱
784 長岡京遷都
794 平安京遷都
801 坂上田村麻呂、蝦夷を平定
838 最後の遣唐使派遣
842 承和の変
866 応天門の変
藤原良房、臣下最初の摂政に
894 遣唐使の廃止
901 菅原道真、太宰権帥に左遷
939 天慶の乱

1000

1016 藤原道長、摂政になる
1052 末法の初年に入る
1086 白河上皇、院政を開始
1051 前九年の役おこる
1083 後三年の役おこる
1095 北面の武士がおかれる
1129 鳥羽院政はじまる

第1章
原始・古代

日本列島の形成と日本人の起源

【日本人はどこから来たのか？】

1min
までおさらい完了

地球という惑星ができたのは、今から約46億年前といわれています。太陽から約1億5000万kmのところに生まれた小さな惑星が成長し、活発なマグマ・オーシャンの活動ののちに冷えて固まり、岩石が表面を覆うようになりました。

この地球上に人類が生まれたのは、約500万年前のことで、東アフリカの猿人が、人類の祖先と考えられています。この時代のことを地質学では鮮新世と呼び、それに続く更新世の頃に人類は、猿人→原人→旧人→新人と進化し、地球上の各地に広く分散したのです。

まだアジア大陸の一部であった日本列島には、ナウマンゾウやオオツノジカなどが生息し、こうした動物を追いかけて、大陸方面から人類がやってきたものと思われています。そして約1万年前、完新世になると大陸から切りはなされた日本列島が、形成されたのです。

日本人の起源については諸説ありますが、日本で発掘された化石人骨を研究する形質人類学によると、氷河時代に東南アジア方面からナウマンゾウなどの動物を追ってきたとする、「南方起源説」が一般的とされています。

約2万年前の日本列島と化石出土地

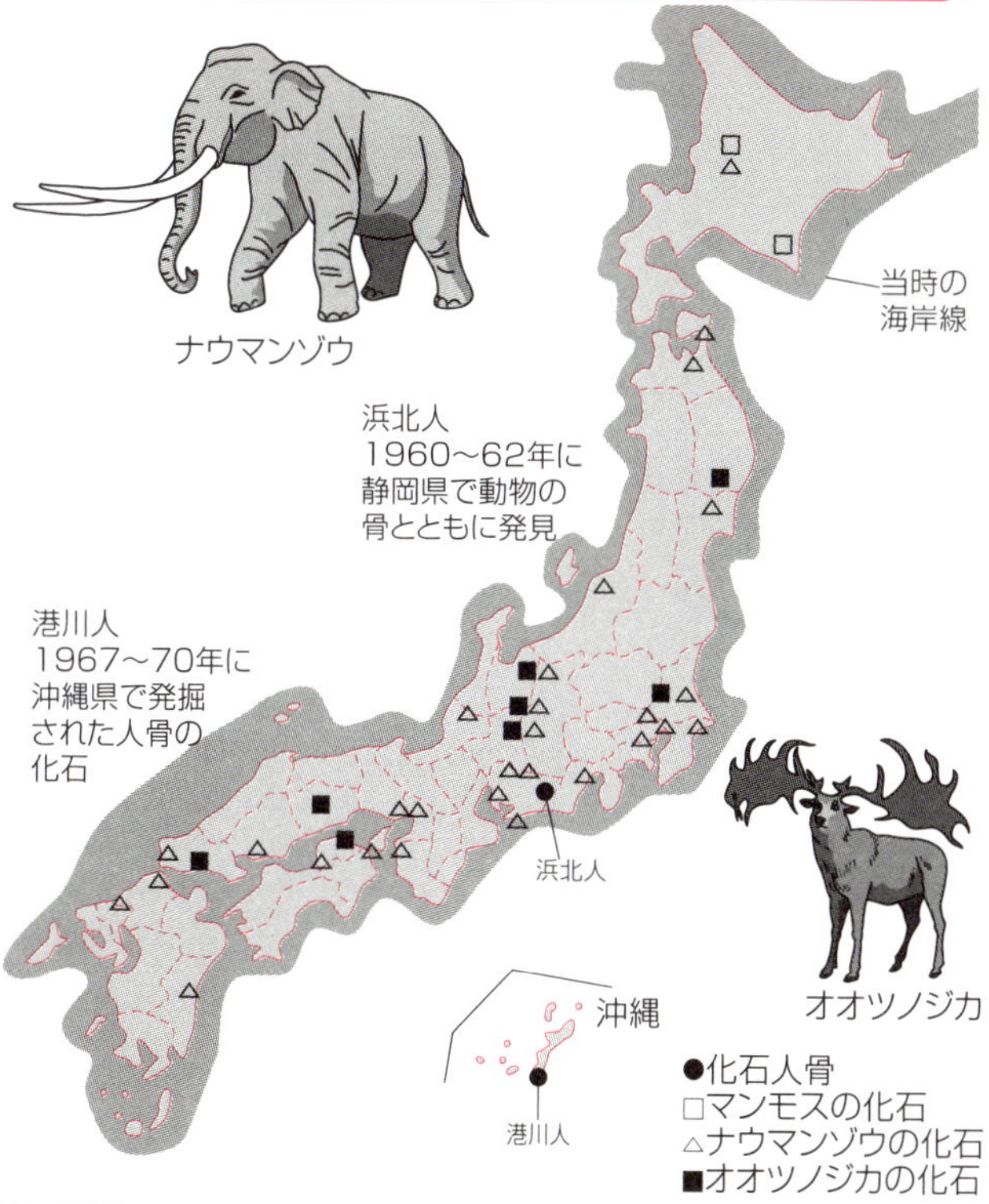

先史時代（人類の進化）

推定年代	80万年前	40万年前	15万年前	3万年前	1万年前
地質年代	更新世				完新世
人類	猿人 ←	原人 →	← 旧人 →	←	新人
	ジャワ原人·北京原人（約80万～15万年前）		ネアンデルタール人（約15～3万年前）	クロマニヨン人（約3万年前）	港川人 浜北人
日本		旧石器		縄文	弥生

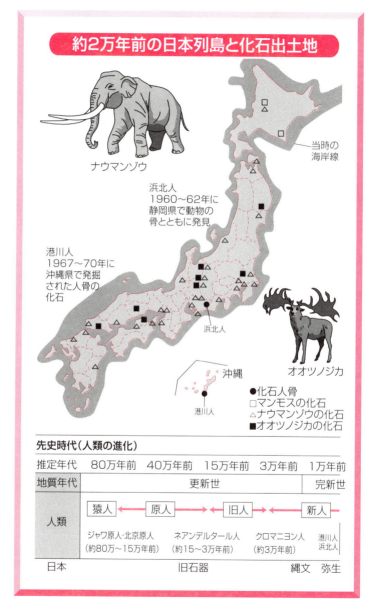

第1章 原始・古代

旧石器時代から弥生時代へ

【日本にもあった旧石器時代】

2 min までおさらい完了

地質学的な時代区分のほかに、人類が使用した道具の材質によって、石器時代・青銅器時代・鉄器時代と分ける考古学による区分方法があります。石器時代は、打製石器を使用した旧石器時代と磨製石器を用いた新石器時代とに分けられます。長い間、日本列島には旧石器時代、人は住んでいなかったと考えられていたのですが、1949（昭和24）年に、群馬県岩宿遺跡から打製石器が発見されたことから、**日本にも旧石器時代が存在したことが明らかになりました。**完新世の時代になると、日本列島の気候も氷河期が終わり、森や林そして湖など自然環境が整い、そこに住む人々の生活も大きく変わることになりました。

約1万年近くも続いた縄文時代の特徴は、煮炊きをするための土器の出現と磨製石器の使用にあります。土器には、縄の紋様が施されていたために、この時代を縄文時代と呼びます。

紀元前5世紀になると、気候の寒冷化により狩猟・採集生活は限界となり大陸や半島の農耕生活の影響を受けて、日本でも水稲耕作が行なわれるようになります。**稲作は広く日本中に広がり、弥生時代へと移っていくのです。**

旧石器時代の遺跡の分布

Check!

相沢忠洋《あいざわただひろ》(1926〜89年)

●日本で初めて旧石器を発見!

1949年、群馬県岩宿で2万4000年前の打製石器が発見される。それまで打製石器を使っていた頃には、日本には人が住んでいないと考えられていた。発見した相沢は23歳の納豆の行商をする青年。子どもの頃から独学で考古学を学び、苦労をしながら調査を続けた末に発見に至ったという。

第1章 原始・古代

小国の時代から邪馬台国へ

【女王卑弥呼の邪馬台国】

弥生時代に入り農耕社会になると、余った生産物をめぐる争いが起こり、武装や防御を固めた集落が登場するようになります。

3 min までおさらい完了

各地にできた集落は、クニと呼ばれる小国を形成して、政治的まとまりをもったものであったことが、中国の『漢書』の地理志や『後漢書』の東夷伝などに記されています。それによると、倭人（日本人）は百余の国々に分かれていて、それぞれが楽浪郡《らくろう》（前漢が朝鮮半島においた郡のひとつ）に使いをおくり、**中国の先進的な文化を得ようと通交していたといいます。**

3世紀初頭の中国では、後漢にかわって魏《ぎ》・呉《ご》・蜀《しょく》による三国時代となっていました。この時代の歴史書『三国志』のなかの「魏志」に倭人について記されている部分があるのですが、それによると、2世紀の終わり頃に倭国では長い争乱が続いたために、卑弥呼という女性を王として邪馬台国を中心とする小国連合をつくり、争乱をおさめたとあります。

倭国には、大人《たいじん》と下戸という身分差があり、租税や刑罰も整備され、市場も開かれていました。卑弥呼の死後は国が乱れますが、13歳の女子壱与《いよ》が王になると鎮まったとされています。

邪馬台国はどこにあったのか?

邪馬台国については『三国志』のなかの「魏志」の倭人伝の部分に記述がある。それによると邪馬台国への旅程ははっきりしないものの、有力なのは「北九州説」と「近畿説」。邪馬台国の所在地については、現在も議論が続いている

3世紀頃の東アジア

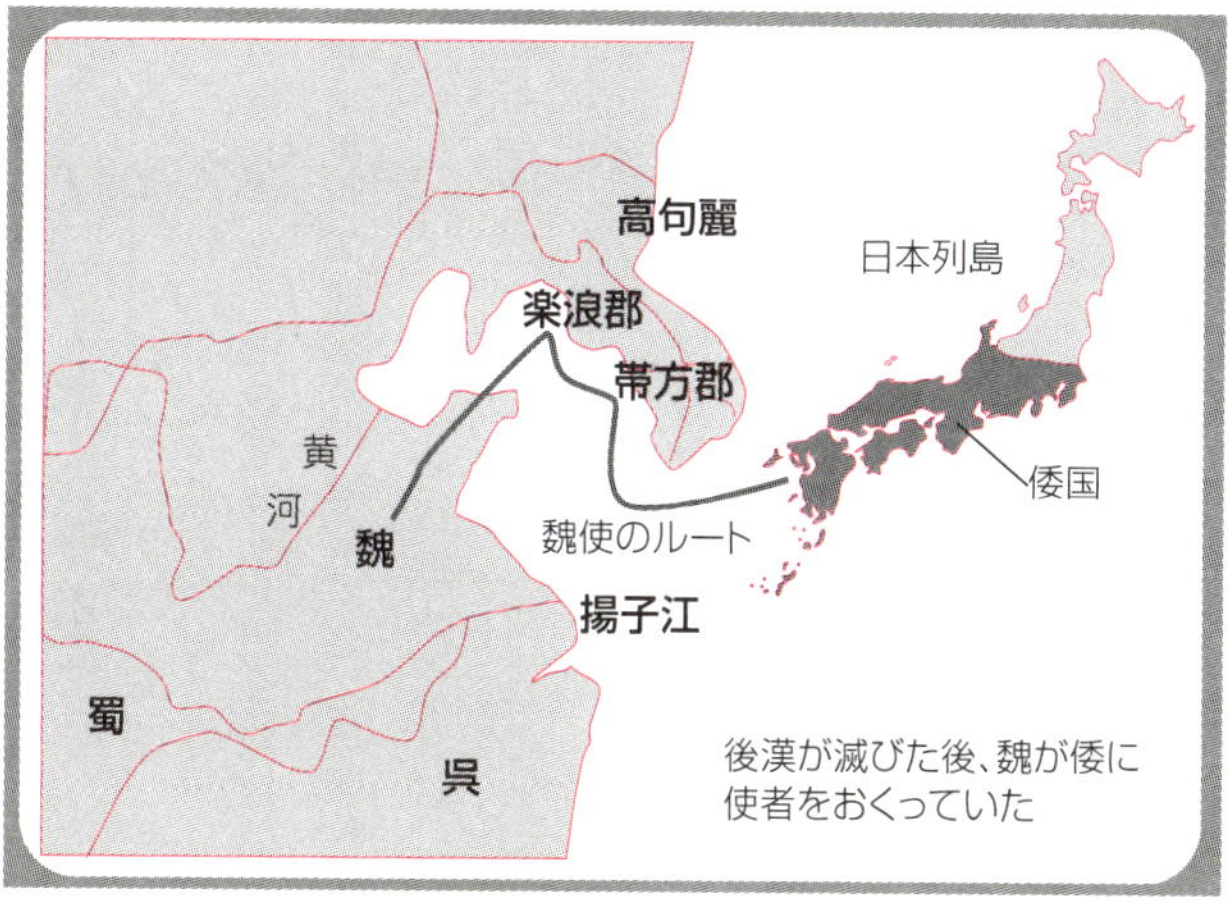

Check!

卑弥呼《ひみこ》(3世紀半ば頃)

●卑弥呼は鬼道(シャーマニズム)をよくした!

3世紀半ば頃の邪馬台国の女王であった卑弥呼は、約30国からなる連合国を統治していたことが「魏志」の倭人伝に記されている。239年には魏の皇帝に使者を遣わして、親魏倭王の称号と織物などが与えられたという。卑弥呼は鬼道(まじない)を行なっていて、弟が政務を担当していたと考えられている。

第1章
原始・古代

古墳時代と大和朝廷

【支配・被支配の関係ができた】

4min までおさらい完了

3世紀後半から4世紀初頭になると、近畿地方や九州北部には、巨大な古墳が築造されるようになりました。**そのため3世紀後半から7世紀後半頃までを、古墳時代と呼びます。**

古墳には円墳（丸く盛り上った形）、方墳（四角錐状のもの）、上円下方墳（方墳の上に円墳を重ねた形のもの）などがありますが、前方後円墳は、日本だけのものです。なかでも最も大きいのが大阪堺市にある大山古墳（伝・仁徳天皇陵）で、長さ約486m、高さ30m以上といいます。

巨大な古墳内部には、木棺を納めた埋葬施設があり、鏡や埴輪などが副葬品として納められていることから、当時の政治的に力をもった者＝王の出現を意味しています。その中心となったのは大和（奈良県）でしたが、毛野《けぬ》（群馬県）・丹波（京都府）・吉備（岡山県）・日向（宮崎県）などにもみられ、こうした地域の豪族たちが力を持っていたことがわかります。近畿地方を中心に連合体をつくっていたのですが、この政治連合が大和政権です。

5世紀頃になると大和政権は、九州から東北地方中部までを支配下に収め、その王は大王《おおきみ》と呼ばれました。古墳時代は支配者と被支配者の関係が、明確になった時代だったのです。

古墳の種類

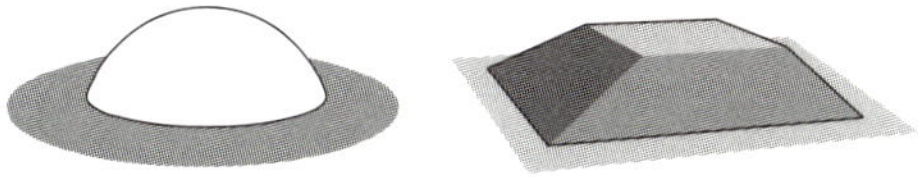
円墳　方墳

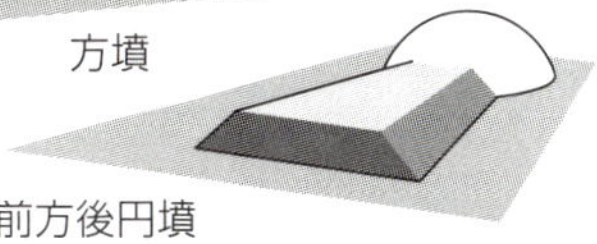
前方後円墳

よくみられる古墳のかたち

全国各地に点在する、
日本独自のもの

古墳には、木棺のほかに
埴輪などの副葬品が納められ
ていた

大山古墳(大阪府堺市)

大型古墳分布図

大阪府堺市にある大山古墳は、
前方後円墳としては最大規模の古墳
大山古墳
(約486m)
古墳の規模の大小は、
豪族の勢力を示す

5世紀頃の古墳の大きさの違いを示したもので、近畿地方が中心となっていることがわかる。古墳の規模の大小は各地域の豪族の勢力を示すものと考えられている。

第1章
原始・古代

【政権の中枢をになった大臣・大連】

統一政権による氏姓制度

5min
までおさらい完了

大和政権の統一は、大王を中心に各地の豪族たちによってすすめられました。**5世紀から6世紀頃には大王から豪族に対し、身分をあらわす氏《うじ》・姓《かばね》が、地位に応じてあたえられます。**

この制度の下で豪族は氏となり、氏《うじ》の集団を代表する者として氏上《うじのかみ》がいました。氏の名は、大伴《おおとも》・物部《もののべ》・土師《はじ》・中臣《なかとみ》・膳《かしわで》など職掌からのものと、地名に基づく葛城《かつらぎ》・平群《へぐり》・蘇我などから成るものがあります。また姓《かばね》には臣《おみ》・連《むらじ》・君《きみ》・直《あたえ》・造《みやつこ》・首《おびと》などがあり、臣は葛城氏や平群氏・蘇我氏など大和政権の有力豪族に、連は大伴・物部・中臣などの特定の職掌をもつ豪族らにあたえられました。君は筑紫（福岡県）や毛野（群馬県）等の有力豪族に、それ以外の豪族には直の姓があたえられました。**臣・連の姓を賜わった豪族は、大和政権の中核となり、なかでも力のある者を大臣・大連として政治に参加させたのです。**

大和政権は地方豪族の領有地内の農民の一部を名代《なしろ》・子代《こしろ》の部として大王の直轄としました。また大王の直轄地を屯倉《みやけ》として各地にもうけ、屯倉周辺の農民を田部《たべ》と名づけて耕作に当たらせたのです。その管理をする地方豪族には、国造《くにのみやつこ》や県主《あがたぬし》の地位をあたえました。

大和政権の組織

中央支配

大王《おおきみ》(天皇)

- 大臣
- 大連
- 大王家(王族・家族)

姓

大臣・大連(政治に参加)
└ 伴造《とものみやつこ》…豪族
(造・首)

臣《おみ》…葛城氏・平群氏・蘇我氏…大和政権の有力豪族
連《むらじ》…大伴氏・物部氏・中臣氏…特定の職掌をもつ豪族

> 臣・連の姓を賜った豪族は、大和政権の中核となり、なかでも力のあるものを大臣・大連といった

地方支配

国造《くにのみやつこ》・**県主**《あがたぬし》…土地の管理をする豪族

一部の農民
名代・子代 → 大王の直轄とした

大王の直轄地
↓
屯倉《みやけ》
(周辺の農民を田部《たべ》)
と名づけた

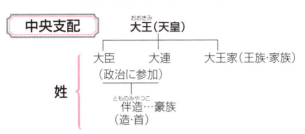

第1章 原始・古代

【豪族同士の対立が深まる】蘇我氏の台頭と推古天皇誕生

6 min までおさらい完了

大和政権では、中国大陸や朝鮮半島との交流を積極的に行なっていました。中国大陸では、魏王朝を受け継いだ晋《しん》が中国全土を統一し、朝鮮半島では高句麗が楽浪郡を倒し、百済、新羅が国家を形成します。5世紀末に高句麗が百済を攻めると、百済から多くの人々が渡来してくるようになり、渡来人たちによって、新しい文化として鉄器製作、機織《はた》りや土木などの技術が伝えられ、大和政権は、彼らを技術者集団である韓鍛冶部《からかぬちべ》・錦織部《にしごりべ》・陶部《すえつくりべ》などとして居住させたのでした。儒教や仏教が朝鮮半島から伝わったのもこの頃です。

大和政権では、豪族同士の対立が深まり、王権をめぐって大伴、物部、蘇我の3氏の争いが激化しました。大伴金村は継体天皇を支持し政治を行なっていましたが、朝鮮半島に対する政策で失脚。蘇我稲目《そがのいなめ》と物部尾輿《おこし》が勢力をもち、その子・蘇我馬子《うまこ》と物部守屋《もりや》は仏教の導入を巡って激しく対立し、渡来人と結んだといわれる導入容認派の馬子が守屋を滅ぼしました。

争いに巻き込まれた崇峻《すしゅん》天皇が暗殺されるなど危機が深まるなか、初の女性天皇、推古天皇が誕生し、**翌年には甥の厩戸王《うまやと》を摂政として政治に参画させ、国政の立て直しを図ろうとしたのです。**

大和政権の他国との交流

交流を積極的に行なう

朝鮮半島
百済·新羅
が国家建設

⟷ **大和政権** ⟷

中国大陸
晋が中国全土統一

●渡来人 ➡ 技術者集団（韓鍛冶部《からかぬちべ》・錦織部《にしごりべ》・陶部《すえつくりべ》）
●儒教·仏教·文字＝漢字が伝わる

豪族同士の対立がおこる

大伴金村 ―― 朝鮮政策で失脚
（継体天皇支持）

蘇我稲目《いなめ》―馬子
VS
物部尾輿《おこし》―守屋

▶ 仏教で対立

推進派
蘇我氏

反対派
物部氏

蘇我稲目と物部尾輿の争いは子の代（馬子と守屋）まで続いたのだった

Check!
蘇我馬子《そがのうまこ》（?～626年）

●親子二代にわたる対立に勝利！

蘇我氏は大和南西部を支配した葛城氏から分かれた氏族。蘇我馬子の父稲目は欽明天皇支持で権力を得て、蘇我氏繁栄の基礎を築いた。物部尾輿とは仏教問題で崇仏を主張して対立を深め、その子馬子と守屋の2代にわたり争った結果、守屋を滅ぼした。馬子は崇峻天皇の暗殺にも関係したとの説もある。

第1章 原始・古代

【中央集権体制の確立を目指す】聖徳太子の国家改革

推古天皇を支えた厩戸王とは、後に聖徳太子と呼ばれることになる人物です。

推古天皇、聖徳太子、大臣蘇我馬子は政治的権力を集中し、国政に取り組みました。**内政の充実は、東アジア各国の動きに対処するためにも必要に迫られていたのです。**中国では、隋が中国を統一し朝鮮・高句麗に遠征するなど、勢力を広げようとしていました。

こうした状況を重くみた聖徳太子らは、諸豪族の結束を図るため603年に冠位十二階の制度を定めました。冠位十二階とは、徳《とく》・仁《じん》・礼《れい》・信《しん》・義《ぎ》・智《ち》のそれぞれを大小に分け、冠の色によって十二階とし、個人の功績や忠誠に応じてあたえられたものです。それまでの世襲による氏姓とは違い、豪族を官僚制的に再編成する第一歩となりました。

翌604年には、憲法十七条が制定されます。これは官吏の政務に対する心がまえを説くもので、君・臣・民の関係を明確に示し、仏教をうやまう精神や道徳的精神を記したものです。

さらに607年には小野妹子《おののいもこ》が遣隋使として派遣され、翌年には隋から裴世清《はいせいせい》が来日しています。**内政を整備した聖徳太子は、大国隋と対等に外交をすすめようとしたのです。**

7 min までおさらい完了

推古天皇を支えた厩戸王

女性天皇 **推古天皇** を立てて政治の危機的状況を打開

甥の厩戸王(聖徳太子)を摂政に

推古天皇・聖徳太子・蘇我馬子…国政に取り組む

政治的中央集権体制の確立を目指す

諸豪族の結束をはかるため…冠位十二階の制定(603年)

憲法十七条の制定(604年)

	1	2	3	4	5	6	7	8	9	10	11	12
位階	大徳(だいとく)	小徳(しょうとく)	大仁(だいじん)	小仁(しょうじん)	大礼(だいれい)	小礼(しょうれい)	大信(だいしん)	小信(しょうしん)	大義(だいぎ)	小義(しょうぎ)	大智(だいち)	小智(しょうち)
冠色	紫		青		赤		黄		白		黒	

※個人の功績や忠誠に応じてあたえられるもの
豪族を官僚的に再編成する第一歩となった

官吏の政務に対する心がまえを説く…憲法十七条の制定

※君・臣・民の関係を明確に示し、仏教をうやまう精神や
道徳的精神を説いたもの

Check!

聖徳太子(574~622年)

●皆に愛された優秀な人物!

14歳のときに蘇我馬子とともに物部守屋を討伐。女帝推古天皇を補佐して摂政となって政務をとり、中央集権化と官司制の基礎をつくるなど、さまざまな事業を手がけた。伝説が多いことでも有名で「一度に10人の話を正しく聞くことができた」といわれるほどに優秀な人物だったというが、業績に疑問符をつける研究者も多い。

第1章 原始・古代

飛鳥文化

8 min までおさらい完了

飛鳥文化とは、推古朝を中心とする時代の文化が、朝廷の所在地である飛鳥（奈良県）であったことから名づけられたものです。**この時期の文化は、中国（南北朝）、朝鮮半島（新羅《しらぎ》・百済《くだら》・高句麗《こうくり》）の文化的影響を、強く受けたものでした。**

538年に百済から公式に伝来した仏教は、当初渡来人や一部の豪族たちに信仰されていただけでしたが、594年に仏教興隆の詔が出されると、広く普及するようになります。仏教の布教に貢献したのは、蘇我氏と厩戸王（聖徳太子）でした。

とくに厩戸王は、仏教に対して深い理解を示し、法華《ほけ》経・維摩《ゆいま》経・勝鬘《しょうまん》経の三つの経典の注釈書『三経義疏《さんぎょうのぎしょ》』をあらわしたと伝えられています。

古墳にかわって、豪族の権威をあらわすものとして寺院や仏像が数多く建立されたのですが、一般の人にとって仏教は呪術的なものとして信仰されていたようで、仏像をつくるのは祖先の冥福を祈るためや病気回復祈願のためといった理由からでした。

蘇我氏の発願によって建立された飛鳥寺（法興寺）、厩戸王の発願による四天王寺や斑鳩《いかるが》寺（法隆寺）、広隆寺などが代表的なものです。

仏像彫刻については、中国の北朝様式の影響をうけた北魏様式と、南朝様式の影響をうけた南梁様式があり、どちらも朝鮮の高句麗、百済を経由して倭国に伝わったものです。

仏師鞍作鳥《くらつくりのとり》（止利仏師）作の最古の仏像、飛鳥寺の釈迦如来像、法隆寺金堂釈迦三尊像、法隆寺夢殿救世《くぜ》観音像などは、厳しい表情に古式の微笑をたたえた北魏様式のものといわれています。

仏教は、紀元前5世紀頃に、インドの釈迦によって創唱されたのがはじまりです。インドから中国、朝鮮半島を経由して日本へ伝わった大乗仏教は、修行者中心の小乗仏教とくらべて、あらゆる人を救済するものだったため、人々に受け入れられやすかったのです。

また死後の世界を明示した点も、人々の関心をひいた理由のひとつといえるでしょう。

最古の仏像といわれる飛鳥寺の釈迦如来像（飛鳥大仏）

第1章
原始・古代

【中央集権国家を目指す】
大化の改新と律令国家への道

9 min
までおさらい完了

48歳で聖徳太子が亡くなると、蘇我氏は再び権力の集中をはかり、聖徳太子の息子である山背大兄王《やましろのおおえのおう》一族を攻め滅ぼしたことから、皇族や豪族らの反発を招きました。

その頃中国では、隋から唐に国が代わり、律令法をもとにした中央集権的な国家体制をつくり上げ、朝鮮半島の高句麗まで遠征していました。中国へ渡っていた留学僧らが帰国して、律令制度についての情報がもたらされると、わが国でも唐にならって中央集権国家をつくるべきという気運が高まり、その最初の取り組みとして、蘇我打倒の計画が持ち上がります。

中大兄皇子《なかのおおえのおうじ》と中臣鎌足《なかとみのかまたり》らは、645年に蘇我蝦夷《えみし》・入鹿《いるか》親子を殺し（乙巳《いっし》の変）、孝徳天皇を擁立して中央集権的な改革、大化の改新を実施していきます。

新政権が出した改新の詔では、それまで皇族や豪族が土地や民を私有していたのをやめて、国の所有とする公地公民制、全国的な人民・田地調査により口分田《くぶんでん》を与える班田収授の法、全国を対象にした統一的税（祖《そ》・庸《よう》・調《ちょう》）制を定める新税制を打ち出し、また国の下に評（のちの郡）を設置して中央集権的な国家を目指しました。

大化の改新

聖徳太子が亡くなると、蘇我氏は権力の集中をはかる

↓

聖徳太子の息子の
山背大兄王《やましろのおおえのおう》一族を滅ぼす

豪族らの反発を招いた蘇我蝦夷《えみし》·入鹿《いるか》親子は中大兄皇子《なかのおおえのおうじ》·中臣鎌足によって滅亡

↓

乙巳《いっし》の変(645年)

↓

中央集権的改革実施……孝徳天皇擁立

改新の詔(646年)

1. 公地公民制
2. 班田収授の法
3. 新税制
4. 地方行政制度

※孝徳天皇の代に行なわれたこれら一連の政治的動向を大化の改新と呼ぶ

↓

中央集権国家の建設を目指す

このあと約半世紀をかけて、政変·戦乱の後に完成

大化の改新後

天皇 孝徳天皇 ▷ **皇太子** 中大兄皇子 ▷

左大臣……阿部内麻呂
右大臣……蘇我倉山田石川麻呂
内臣………中臣鎌足
国博士……高向玄理《たかむこのくろまろ》、僧·旻《みん》

大宝律令による律令制の実施

【文武天皇らによる中央集権国家建設】

10 min
までおさらい完了

朝鮮半島では統一をすすめる新羅が、唐と結んで高句麗と百済を滅ぼしました。百済は唐や新羅に強く抵抗し、日本へ救援を要請してきたため、中大兄皇子は援軍をおくりますが、６６３年白村江《はくすきのえ》の戦いで破れ、**新羅が朝鮮を統一すると日本は朝鮮半島での地位を喪失します。**以後中大兄皇子は、大宰府に水城《みずき》と山城《やまじろ》などを設け、対馬、筑紫には防人《さきもり》をおくなど、唐や新羅からの攻撃に備える体制を整備しました。また天智天皇となったあとは、近江令を定めるとともに最初の戸籍である庚午年籍《こうごねんじゃく》をつくるなど、内政の充実につとめたのです。

天智天皇が亡くなると、皇位をめぐって弟大海人《おおあまの》皇子と子の大友《おおともの》皇子が豪族をまきこみ内乱（壬申《じんしん》の乱）となります。その結果勝利した大海人皇子は、天武天皇として即位します。天武天皇は八色《やくさ》の姓（姓の再編成）を定め、律令制定、国史編纂などにも着手し、次の持統天皇（天武天皇の皇后）もそれを受け継ぎ、飛鳥浄御原《きよみはら》令を施行し庚寅年籍《こういんねんじゃく》（戸籍）を作成します。

６９４年には飛鳥から、わが国ではじめての都城・藤原京へ遷都をし、７０１年に文武天皇らにより大宝律令が制定されると、中央集権的な律令国家の建設が本格的に始動するのでした。

白村江の戦い

天智天皇（中大兄皇子）

救援要請（百済）

朝鮮半島では統一をすすめる新羅が唐と結び、高句麗と百済を滅ぼす

→百済へ援軍を送るが、白村江の戦い（663年）で敗れる

- 大宰府に水城・朝鮮式山城
- 対馬・筑紫に防人

唐や新羅からの攻撃に備える施設を整備

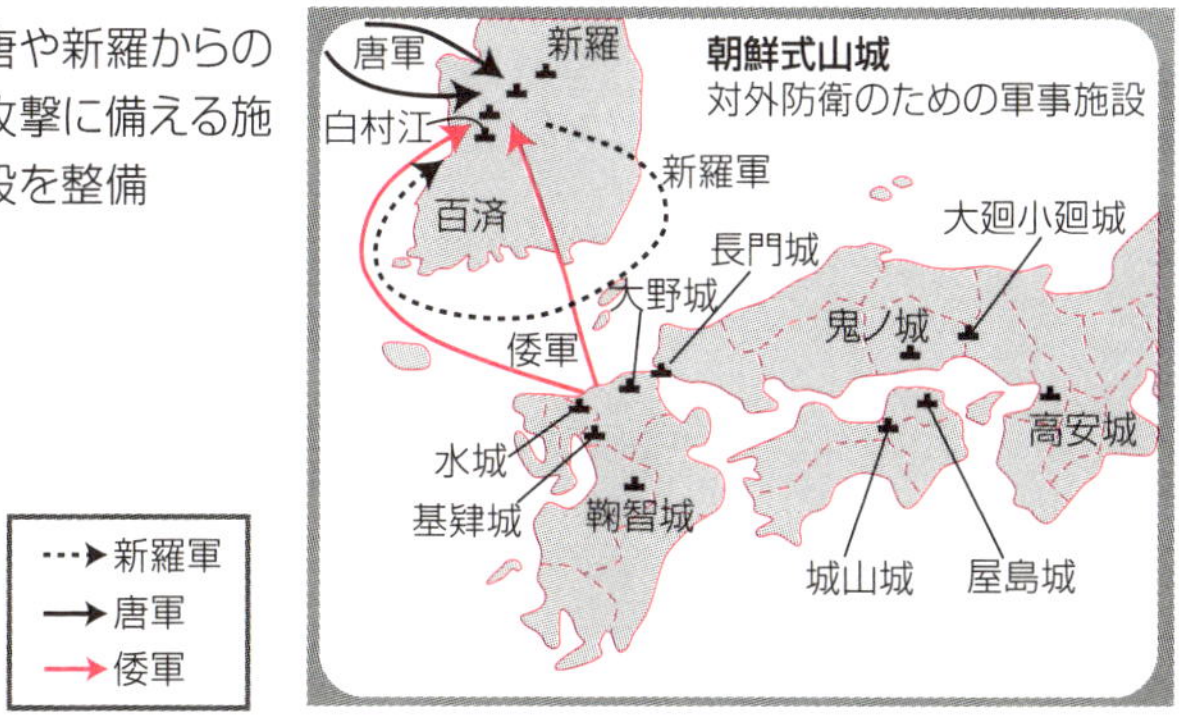

この時代の出来事

▼663年
百済より救援要請
倭軍白村江の戦いで大敗

▼668年
中大兄皇子、天智天皇に即位

▼670年
庚午年籍作成

▼671年
天智天皇死去

▼672年
壬申の乱

▼673年
大海人皇子、天武天皇即位

▼701年
大宝律令制定

第1章
原始・古代

白鳳文化

11 min
までおさらい完了

天武天皇・持統天皇の時代、7世紀後半から8世紀初頭には、中国・唐の影響を受けた文化がさかえ、その文化を白鳳文化といいます。

この時代になると仏教は広く信仰されるようになり、天武天皇は伊勢神宮など神社の祭礼も重んじるようになりました。天皇が祈願をかけた寺として最初の大官大寺《だいかんだいじ》や薬師寺などの大寺院が建立されました。

天武天皇が地方にも金光明経《こんこうみょうきょう》といった護国の経典を配布するなど、仏教は国の保護をうけ普及する反面、僧侶や寺院はきびしく統制されることになります。

漢字を学んだ王族や貴族が、百済から日本へ多く渡ってきたことから、**朝廷を中心に漢詩文をつくることがさかんとなり、大友皇子や藤原不比等らの作品が残されています。**

その影響から五・七調の長歌や短歌が発達しました。また万葉仮名によって歌が記述され、額田王《ぬかたのおおきみ》・天智天皇・柿本人麻呂《かきのもとのひとまろ》などの歌が数多く残されています。この時代に高まった、天皇の権力などをたたえるものとなっています。

美術には唐の文化の影響が強くみられ、興福寺が所蔵する旧山田寺の仏頭（金銅像）などが代表的な作品です。またインド・中国の様式にならった法隆寺の金堂壁画は、そのスケールの大きなところが特徴的です。

1972年に発掘された高松塚古墳の石槨《せきかく》内部の壁画も、この時代のものです。埋葬用の石室には壁画がほどこされ、その中央に木棺が納められています。天井には星座と北極星が、四方には四神（青竜、白虎、朱雀、玄武）と人物群像が描かれていますが、四神信仰は律令国家成立時期の儀式にあたって重要とされるものでした。

1982年、山田寺の発掘調査で回廊が建築された当時のままの姿で発見されました。そのほかの建築物としては、**飛鳥時代の様式で建て直されたとする法隆寺の金堂・五重塔・回廊、また薬師寺東塔などがあります。**

彫刻では、薬師寺金堂薬師三尊像、薬師寺東院堂聖観音像、法隆寺阿弥陀三尊像（橘夫人念持仏）、法隆寺夢違観音像などがあります。

厩戸王（聖徳太子）が建立したとされる法隆寺の金堂と五重塔

第1章
原始・古代

【藤原氏の進出と反乱】奈良の都、平城京の時代

12 min までおさらい完了

710年、元明天皇のときに、**藤原京から奈良の平城京へと遷都してからの時代を、奈良時代といいます。**この時代は80年ほど続きました。

藤原不比等《ふひと》（鎌足の子）を中心に律令制度が制定される頃、皇族と有力豪族たちの関係は均衡が保たれていたのですが、婚姻によって天皇との関係を強めようと勢力をのばした藤原氏によって長屋王の変（不比等の子4人が仕組んで長屋王を自殺に追い込む）がおこります。ところが流行の天然痘のため藤原四兄弟は亡くなり、勢力は一時衰退します。代わって政権をとった橘諸兄《もろえ》に対して反乱を企てたのが、大宰府に赴任していた藤原広嗣《ひろつぐ》でした（藤原広嗣の乱）。

激戦の後広嗣は鎮圧されるのですが、世情の動揺がおさまることはなく、文武天皇の次に立った聖武天皇は、遷都を繰り返し、仏教に頼ることで局面を打破しようとします。**全国に国分寺・国分尼寺を造り、盧舎那仏（東大寺大仏）を建立しました。**

娘の孝謙天皇の時代になっても混乱が続きましたが、その死後には財政悪化を立て直そうと、藤原百川《ももかわ》ら貴族が中心となって、光仁《こうにん》天皇が擁立され、律令政治の再建が図られます。

平城京遷都

藤原京（飛鳥）→ **平城京**（奈良）
- 奈良時代（710～794年）

文武天皇の時代
- 律令制定……………藤原不比等
- 文武天皇の后（不比等の娘）
- 息子（4人）は長屋王を自殺に追い込む（長屋王の変）

皇子（聖武天皇）
- 幾度かの遷都
- 国分寺·国分尼寺建造
- 盧舎那仏（東大寺大仏）建立

東大寺大仏
（盧舎那仏）

Check!

聖武天皇（701～56年）

●仏教を厚く信仰！

文武天皇の第1皇子、母は藤原不比等の娘·藤原宮子。聖武天皇の即位中、長屋王の変、藤原広嗣の乱など世情不安となる事件が相次いだことから、幾度も遷都を決行。しかしそれでも飢餓や疫病がおさまることがなかったため、仏教を厚く信仰する天皇は各地に国分寺·国分尼寺を建造し、盧舎那仏を建立した。

土地政策と農民の苦しみ

【三世一身の法・墾田永年私財法】

13
min
までおさらい完了

律令政治が展開していく8世紀には、農業にも進歩がみられ、農民は国からあたえられた口分田のほかにも田を借り、耕作するようになります。しかし農民は田租を納めるだけではなく、兵役あるいは労役、さらに租税（庸・調）の負担が重くのしかかり、**生活苦から口分田を捨てて逃亡したり、浮浪者となって律令支配からのがれようとする者もふえていました。**

人口が増加し、口分田が不足してくると政府は百万町歩の開墾計画を立てるも頓挫します。そこで７２３年には、開墾を奨励するために、耕地を開墾した者には三世代の間、田地の私有を認める三世一身《さんぜいいっしん》の法が施行されますが、現在と違い寿命の短い時代においての三世（本人・子・孫）にとっては好条件といえるものではなく、７４３年には開墾した土地を永久に私有することのできる墾田永年私財法《こんでんえいねんしざいほう》を発布するのでした。

墾田永年私財法は、政府の土地支配を強化することになりましたが、一方で独自に土地を開墾できる貴族や寺院、地方豪族たちは、浮浪者を雇うことで私有地を開発して拡大していくことになりました。**東大寺など大寺院は、大規模な開墾を行ない、これを初期荘園といいます。**

土地政策と農民の暮らし

農民の負担 → ●口分田の耕作
●兵役·労役
●租税（庸·調）の負担
↓
生活は苦しい

飢餓

政府の耕地拡大政策

百万町歩の開墾計画……実行できなかった（開墾奨励）
↓
三世一身の法………三世代の間、田地の私有を認める（本人·子·孫）
↓
墾田永年私財法……田地の拡大で土地支配の強化（貴族や寺院が私有地を拡大）

この時代の出来事

▼701年 大宝律令完成
▼710年 平城京遷都
▼722年 百万町歩の開墾計画
▼723年 三世一身の法制定
▼743年 墾田永年私財法制定

【農村や貴族の関係の変化】

桓武天皇の蝦夷征討と政治改革

14
min
までおさらい完了

光仁天皇が行なった政治再建を引き継いだ桓武天皇は、７８４年に長岡京へ移り、７９４年には京都に平安京をつくり遷都します。**これ以後鎌倉に幕府が開かれるまでの約４００年間を、平安時代と呼びます。**

桓武天皇は遷都のほかに、朝廷に従わない蝦夷《えみし》を征討するために坂上田村麻呂を陸奥《むつ》（東北地方）に派遣しました。さらに地方の政治にも目を向け、国司や郡司の不正を取り締まる勘解由使《かげゆし》を設けるなど政治改革を積極的にすすめます。続く平城《へいぜい》天皇・嵯峨《さが》天皇も改革を引き継ぎ、天皇の秘書官長の蔵人頭《くろうどのとう》や警察・裁判を行なう検非違使《けびいし》といった新しい官職を設けます。

農村では税や労役を嫌って逃亡する農民がふえ、租税の減少が財政に影響を与えるほどになっていました。そのため中央の官司らも諸司田《しょしでん》という自分の田を所有して、生活の資を得るようになります。9世紀になると、皇族には天皇から賜田《しでん》といって田が与えられ、天皇自身も勅旨田《ちょくしでん》と呼ばれる田をもつようになり、**地方から徴収した租税を中央の官人に分配するという中央集権的な律令制度は、財政制度上からも変わっていったのです。**

平安京遷都

平城京（奈良） ▶ 長岡京（京都） ▶ 平安京（京都）
（784年）
↓
平安時代
（794～約400年）

光仁天皇の政治再建を引き継ぐ

桓武天皇 ―― ●遷都
●坂上田村麻呂を陸奥に派遣
●勘解由使を設ける

平城天皇
嵯峨天皇
▶ ●蔵人頭
●検非違使を設ける

桓武天皇遷都の理由
仏教政治から逃れるため長岡京遷都を行なったが、その後夫人、母が相次いで亡くなったことから陰陽師を頼むと、弟の早良《さわら》親王憤死の祟りであることがわかる。そこで再度遷都を実施し、平和な世を願って平安京と名づけた

Check! **坂上田村麻呂**（758～811年）

●蝦夷征伐、征夷大将軍に任命！

桓武天皇は平安遷都後、胆沢地方（岩手県）の蝦夷征伐で制圧地域の拡大をすすめるが蝦夷の族長阿弖流為《あてるい》の反抗によって大敗してしまう。次に征夷大将軍坂上田村麻呂を胆沢地方に送ると、田村麻呂は阿弖流為を帰順させて胆沢を制圧し、胆沢城を築く。これによって律令支配は東北地方北部にまで及んだのだった

第1章 原始・古代

藤原氏支配の完成と摂関政治

【一族の争いと藤原道長の登場】

15 min までおさらい完了

10世紀のはじめになると、**藤原氏が天皇の親戚となって政治の実権を握る摂関政治が行われるようになります。**嵯峨天皇の信任を得ていた藤原冬嗣《ふゆつぐ》は、皇室と姻戚関係を結び、清和天皇が幼少で即位した際に冬嗣の子の良房を摂政として事実上、政治を手中におさめます。その良房は、他氏族の排除をすすめ、その間884年に即位した光孝天皇の世では、良房の養子の基経《もとつね》が関白の座につき、藤原氏は急速に権力をもつことになります。

基経が亡くなると、宇多天皇は摂政・関白をおかずに、当時学者として名を馳せていた菅原道真を登用するのですが、これを不満に思った藤原氏は次の醍醐天皇のときに、謀略によって道真を大宰府へ左遷してしまうのでした。その後、醍醐天皇・村上天皇は親政を行ないますが、摂政・関白には基経の子、忠平が就き、実権を握り続けました。

藤原氏一族内部では、摂政・関白の地位をめぐって争いが続いていましたが、藤原道長がこの争いに勝つとようやく一族の争議はおさまります。**道長は娘4人を天皇や皇太子の妃として政治的権力をもち、藤原氏のなかでも頂点に立つ氏の長者として長く権勢をふるったのです。**

藤原氏の摂関政治

10世紀後半、藤原氏が皇室との姻戚関係を深め、天皇の親戚となって摂関政治を行なうようになる

藤原氏と天皇

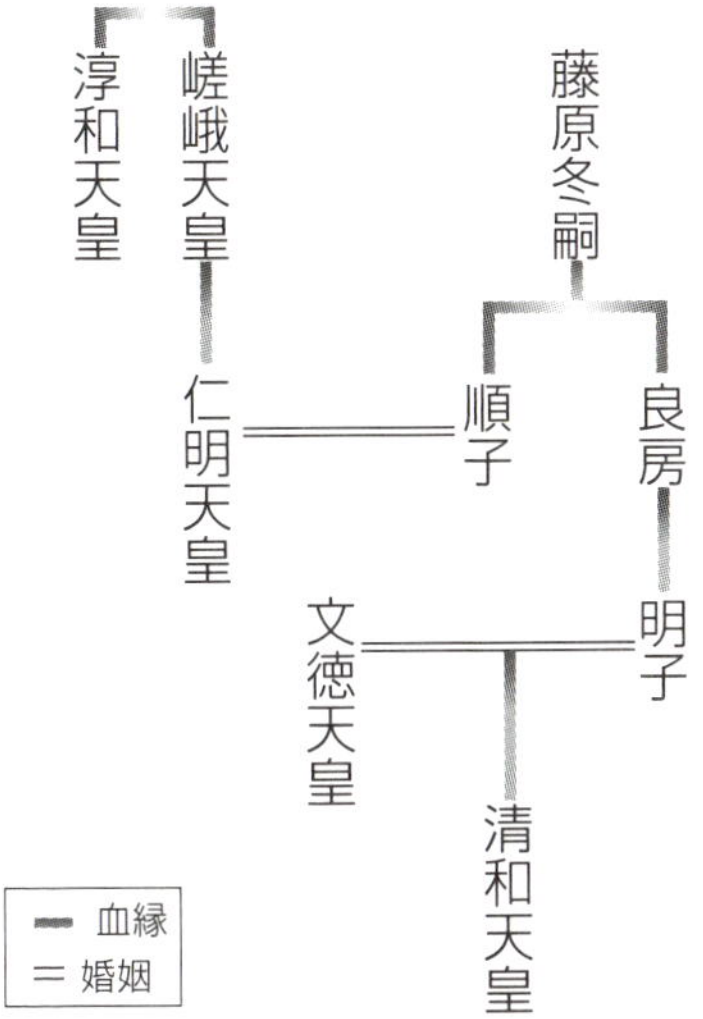

Check! **菅原道真**(845～903年)

●北野天満宮にまつられ、学問の神となる！

平安前期の貴族･学者。宇多天皇は藤原氏の摂政･関白をおかずに、学者の道真を登用する。が、これを不満に思った藤原氏によって大宰府へ左遷されてしまう。不遇のうちに死を迎えると死後、怪異現象が相次いでおこり道真の祟りと噂されるようになった。以来、北野天満宮にまつられて、学問の神様となったのだった。

第1章
原始・古代

武士の誕生

【田地を守るため武力行使をする者たち】

10世紀になると、律令制による税収制度ではもはや財政を運営することができなくなり、**政府は国司に税の納入を請け負わせることに方針を変更します。**国司は、地方の豪族や有力農民に田地の耕作をさせることで、税を徴収しようとします。それまでの戸籍で管理された人々に課税する律令制の支配から、名と呼ばれる耕作地を基礎にする課税へと転換したのです。

有力農民や豪族らは、税から逃れるために寺社や貴族に所領を寄進してしまう者もいましたが、自分たちで田地を守りさらに勢力を広げるために武装する者もあらわれました。武士（兵《つわもの》）の誕生です。家子《いえのこ》と呼ぶ一族郎党をまとめた棟梁が武士となり、やがて武士団を形成しました。とくに関東地方では、良馬を産していたこともあって、武士団の成長が顕著でした。

939年、桓武天皇の流れをくむ桓武平氏の平将門は東国の豪族らと手を結び下総で反乱をおこします。一方同じ頃、瀬戸内海で海賊を率いて反乱をおこしたのが、伊予の国司藤原純友でした。承平・天慶の乱と呼ばれた二つの乱を契機として、**朝廷や貴族らは地方の武士の力量を知り、以後侍として、身辺警護や都の警護などにあたらせるようになるのでした。**

16 min
までおさらい完了

律令制の崩壊と武士の誕生

律令体制衰退 → 国司に税の納入を命じる → 国司は田堵や地方の豪族・有力農民に田地を耕作させる

（税）国司は田堵や地方の豪族・有力農民に田地を耕作させる → 国司に税の納入を命じる →（税）律令体制衰退

国司は田堵や地方の豪族・有力農民に田地を耕作させる → 中央の権力者に所領を寄進

国司は田堵や地方の豪族・有力農民に田地を耕作させる → 自分たちで田地を守るため武装

↓

武士の誕生

平将門は下総で反乱
藤原純友は瀬戸内海で反乱
→ 承平・天慶の乱（939年～941年）

二つの乱を契機として、貴族は地方の武士の力量を知らされると、以後彼らを侍として身辺警護や都の警護にあたらせた

源氏略系図

清和天皇―源経基―満仲┬頼光
　　　　　　　　　　　└頼信―頼義┬義光
　　　　　　　　　　　　　　　　　└義家┬義国┬義重（新田氏祖）
　　　　　　　　　　　　　　　　　　　　│　　└義康（足利氏祖）
　　　　　　　　　　　　　　　　　　　　└義親―為義┬義朝┬義経
　　　　　　　　　　　　　　　　　　　　　　　　　　│　　└頼朝
　　　　　　　　　　　　　　　　　　　　　　　　　　├為朝
　　　　　　　　　　　　　　　　　　　　　　　　　　├行家
　　　　　　　　　　　　　　　　　　　　　　　　　　└義賢―義仲

平氏略系図

桓武天皇―平高望┬良文―定頼┬将常
　　　　　　　　│　　　　　└忠常
　　　　　　　　├良将―将門
　　　　　　　　└国香―貞盛―略―正盛┬忠正
　　　　　　　　　　　　　　　　　　└忠盛┬経盛―敦盛
　　　　　　　　　　　　　　　　　　　　　└清盛┬重盛
　　　　　　　　　　　　　　　　　　　　　　　　├宗盛
　　　　　　　　　　　　　　　　　　　　　　　　└徳子
　　　　　　　　　　　　　　　　　　　　　　　　　‖―安徳天皇
　　　　　　　　　　　　　　　　　　　　　　　　高倉天皇

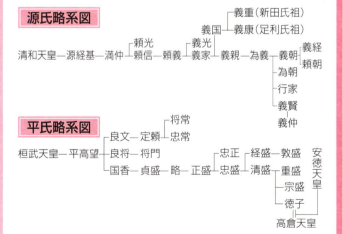

第1章 原始・古代

【天皇と上皇そして武士の対立】

院政と武士の政治進出

17 min までおさらい完了

藤原道長の子頼通《よりみち》は、後一条・後朱雀・後冷泉と3天皇のもとで50年間にわたり摂政・関白をつとめ権力を握りました。しかし後三条天皇が即位すると、大江匡房《おおえのまさふさ》などの学識ある人材を政治に登用するようになります。後三条天皇の遺志をついだ白河天皇は、親政を行なうのですが、幼少の堀河天皇に譲位をすると、自らは上皇となり院庁をひらき実権を握る院政を行いました。

つづく鳥羽・後白河と3代にわたる上皇の院政は、以後100年あまり続き、それによって**摂関家は衰退することになります。**天皇を後見する立場の上皇は、法や慣例にとらわれない政治を行なう一方、天皇あるいは上皇間で政争がおこるようになります。

その頃、**地方では武士団が勢力を広げ、東国では源氏が、伊勢・伊賀では平氏らが力をつけてきていました。**朝廷では鳥羽上皇（出家して法皇となる）が亡くなると、対立していた崇徳上皇は後白河天皇と争うようになり、それぞれ藤原頼長《よりなが》、平忠正《ただまさ》、源為義《ためよし》（崇徳上皇側）と藤原忠通《ただみち》、平清盛《きよもり》、源義朝《よしとも》（後白河天皇側）ら武士を味方につけて戦いました（保元の乱）。

結果、後白河天皇側が勝利をおさめるのですが、武士たちはその存在感を見せつけたのです。

院政と武士、天皇の対立

藤原道長 ― 頼通（50年にわたり摂政・関白）
後一条天皇・後朱雀天皇・後冷泉天皇

大江匡房《おおえのまさふさ》を登用……後三条天皇

白河天皇 → 上皇となり → 院庁を開く → 院政

白河天皇 ▽譲位 堀河天皇

※院政とは、自分の子孫を皇位継承させようとする政治形態のことだが、上皇となることで専制的政治を行なう実権をもつことにもなった

保元の乱対戦関係

それぞれの対戦相手

勝利	敗北
後白河天皇（弟）	崇徳上皇（兄）
藤原忠通（兄）	藤原頼長（弟）
平清盛（甥）	平忠正（叔父）
源義朝（子）	源為義（父）

この時代の出来事

▼1155年 後白河天皇即位

▼1156年 鳥羽法皇死去。保元の乱

▼1159年 平治の乱

▼1167年 平清盛、太政大臣となる

▼1169年 後白河上皇、法皇となる

▼1179年 清盛、後白河法皇幽閉（政治を手中におさめる）

第1章 原始・古代

平氏の政権と栄枯盛衰

【平氏にあらざれば人にあらず】

武士を巻き込んだ朝廷の争いは、後白河天皇が崇徳上皇を讃岐（香川県）に流したものの、今度は近臣間での対立が深まり、再び武士同士に激烈な戦いが展開されることになります。

後白河天皇側についた源義朝《よしとも》は、保元の乱で実の父と戦ってまで尽したにもかかわらず、天皇が義朝より平氏の清盛を信任することに納得がいかず、摂関家の藤原信頼らと組んで兵を挙げるのですが、その当時武力に勝っていた平清盛に滅ぼされてしまうのでした（平治の乱）。この二つの乱は、朝廷での身辺警固にあたる源氏や平氏の武士たちが、中央へと進出する契機となり、とくに清盛の権勢が一気に高まる結果となったのでした。

後白河上皇の厚い信頼を得ていた清盛は、平治の乱からわずか10年もしないうちに太政大臣となり、一族がみな高位高官に上りつめたのです。また諸国の武士団を組織化することで、数多くの荘園を管理したり日宋貿易をすすめるなどして、経済的な基盤も固めたのでした。

清盛の娘徳子《とくこ》（建礼門院）が高倉天皇の中宮となって、孫の安徳天皇が即位すると、**権勢は頂点を極め「平氏にあらざれば、人にあらず」とまでいわれるほどになったのです。**

18 min までおさらい完了

平清盛の権勢と平氏の栄華

保元の乱で勝利した後白河天皇が崇徳上皇を讃岐へ流刑とします。しかし近臣の対立がおこった

平治の乱対戦関係

後白河天皇の近臣

勝利	**藤原通憲**	敗北	**藤原信頼**
平氏	平清盛 平重盛 ］権勢を得る	源氏	源義朝―戦死 源頼朝―伊豆へ流刑

保元・平治の乱後、平清盛 の権勢が高まる

本人は太政大臣となり
一族もみな高位高官となる

○日宋貿易で経済基盤を固める
○娘徳子が高倉天皇の中宮となる
「平氏にあらざれば、人にあらず」

Check! **源頼朝**（1147～99年）

●自分の息子に似ているという理由で助命される！

頼朝は13歳のときに、父義朝に従い平治の乱に出陣する。父義朝はこの戦いで部下に殺害されてしまうが、頼朝は清盛の継母池禅尼に助命され、伊豆への島流し20年で命は助かる。頼朝の顔が息子に似ていたという理由からだったが、池禅尼の助命がなければ後に鎌倉幕府は開かれなかったかもしれない。

第1章 原始・古代

平安文化

19 min までおさらい完了

平安時代末期になると、貴族中心だったそれまでの文化が、武士や庶民といった幅広い地方の文化などとも融合して、豊かで今までにはない斬新なものとなってきます。

庶民の間で人気のあった田楽や猿楽なども貴族のあいだに流行しました。

11世紀に、さまざまな人々のありのままの生活を藤原明衡は『新猿楽記《しんさるがくき》』として著しました。また後三条天皇に登用された大江匡房は、芸能にかかわる人間模様を『傀儡子記《くぐつき》』や『洛陽田楽記《らくようでんがくき》』として著したのです。年中行事あるいは公事などについて示した『江家次第《ごうけしだい》』なども発表しています。

インド・中国・日本などの国に伝わる一千近い説話を収録した『今昔物語集』も編纂されました。説話のほかにも貴族や武士はもとより庶民の生活を描いているのですが、作者が誰であるのかはわかりません。

この時期は軍記物語といわれる初期の作品が生まれた時期でもあり、平将門の乱を描いた、『将門記』や前九年の戦いを記した『陸奥話記』などが有名ですが、いずれも作者は不明です。

後白河法皇は、民間に流行した歌謡の今様を学び『梁塵秘抄《りょうじんひしょう》』として編纂しました。貴族と庶民文化の交流をあらわす特徴的な著作として評価されています。

この時代の絵画の特徴は、大和絵の手法で描かれた絵に詞書で説明をする絵物語が多数つくられたことです。『伴大納言絵巻《ばんだいなごんえまき》』『信貴山縁起絵巻《しぎざんえんぎえまき》』『鳥獣戯画《ちょうじゅうぎが》』『年中行事絵巻』などがあります。

この頃は写経が法華経の信仰とともに広く普及したのですが、高野山・熊野三山・観音霊場などの霊場参詣が貴族の間で盛んになると、その際に写経が奉納されました。

四天王寺の『扇面古写経《せんめんこしゃきょう》』は、地方の庶民生活を描いた貴重な絵画作品で、厳島神社の『平家納経』などは、平氏の栄華を物語る豪華な写経として知られています。

また、この時代になると、**地方では京都の文化を積極的に取り入れ始め、宗教色の濃い建造物が建てられました。**

京都高山寺に伝わる、「日本最古の漫画」とも称される「鳥獣戯画」

古代を代表する人物

藤原道長

「この世をば我が世とぞ思う望月の
欠けたることもなしと思へば」

と詠んだのは、平安時代に貴族の頂点に立った藤原道長です。5人の娘のうち3人までを天皇の中宮とした道長が、三女威子と後一条天皇の祝儀の宴席で、折からの満月を仰ぎながら歌ったものといわれています。

藤原氏による摂関政治とは、天皇が幼少の場合には摂政となり、天皇が成人となると関白となって天皇を補佐する政治のあり方です。摂関政治を主導していくためには、天皇の外戚となることが重要だったので、娘を天皇の中宮としてその間に天皇を継承する皇子をもうける必要があったわけです。

平安時代は正妻のほかに何人も妻をもつことはあたりまえで、道長も数人の妻との間に9人の子どもをもうけています。

子どもが多くいること、それが道長の成功の秘訣ともいえるのかもしれません。その道長も疫病を患い、62歳の生涯を閉じています。

第2章

中世

中世

Ashikaga Yoshimitsu

Minamoto Yoshitsune

中央政界では貴族が政治を行なってはいたものの、地方にまでは手が回らず、土地を守るために豪族（領主）たちは武装し武士（兵＝つわもの）となったのです。その中で地方から中央にまで進出してきた武士の代表が、源氏と平氏でした。

朝廷の皇位継承にまつわる権力争いにかかわった源氏と平氏でしたが、何度かの戦いの結果平氏が勝利し、権力をもったのが平清盛です。清盛はその後の平氏繁栄の基礎をつくったものの、独裁的な政治手法は周囲からの反感も大きく、結局源氏によって滅ぼされてしまいます。

鎌倉に幕府を開いた源頼朝は、はじめての武士政権を確立し、御家人との間の主従関係を基盤とした政治を行ないました。頼朝が亡くなると実権を握ったのは北条氏です。北条氏は執権として長く幕府政治を支配しますが、平和な状態が続いたために武士の生活は困窮し、北条氏への不満も大きくなっていました。

その頃日本へやってきたのが元でした。

おもな日本の出来事

1200

- 1189 奥州藤原氏滅亡
- 1192 源頼朝、征夷大将軍になる
- 1205 北条義時、執権に
- 1219 源実朝、暗殺される
- 1221 承久の乱
- 1224 親鸞『教行信証』なる
- 1232 御成敗式目制定

1250

- 1274 文永の役
- 1281 弘安の役
- 1285 霜月騒動起こる
- 1297 永仁の徳政令だされる

1300

- 1318 後醍醐天皇即位
- 1333 鎌倉幕府滅亡
- 1333 建武の新政
- 1336 後醍醐天皇吉野へ脱出
- 1338 足利尊氏征夷大将軍に
- 1350 観応の擾乱はじまる
- 1368 足利義満、征夷大将軍になる
- 1378 義満、花の御所に移る
- 1392 南北朝合一
- 1397 義満、金閣寺造営
- 1399 応永の乱

1400

- 1404 勘合貿易はじまる
- 1416 上杉禅秀の乱
- 1419 応永の外寇
- 1428 正長の土一揆
- 1438 永享の乱
- 1441 嘉吉の変
- 1441 嘉吉の土一揆
- 1454 享徳の乱

Toyotomi Hideyoshi

Saito Dousan

二度にわたる元寇の結果、応戦したのは御家人たちで、勝利はしたものの恩償（土地）の分配がないため、生活は苦しくなり、武士の反乱もあり世の中は混乱します。

鎌倉幕府が混乱をしている頃、朝廷でも二つの系統に分かれて皇位継承を争っていました。幕府は朝廷へ二つの系統が交替で政治を行なうようにすすめ、以降両統による皇位継承が続くことになります。

その後、大覚寺統から即位した後醍醐天皇は討幕をすすめ、何度か試みた後に足利尊氏らの協力を得て、鎌倉幕府を倒すのでした。後醍醐天皇は武士による政治に否定的であったため、天皇による親政を行なうために建武の新政を断行します。しかしその改革は性急すぎたことから、武士の反感を買い、新政はわずか三年で終わりを告げます。吉野へ逃れた後醍醐天皇は、京都の光明天皇（北朝）に対して南朝と呼ばれました。ここから南北朝時代が始まります。

各国の守護が力をもつと、下の者が上の者を倒す下剋上の時代となりました。

1500

1467 応仁の乱
1485 山城の国一揆
1488 加賀の一向一揆
1489 足利義政、銀閣寺造営
1523 寧波の乱

第2章 中世

20 min までおさらい完了

【源氏をはじめとして平氏打倒に決起】

源平の争乱と平家の滅亡

平氏による専制的な政治は、貴族や地方の武士たちの反発が強く、長く続くことはありませんでした。１１７７年には藤原成親《なりちか》が平氏打倒の兵を挙げますが（鹿ケ谷の陰謀）失敗に終わり、１１８０年、平清盛が孫の安徳天皇を位につけると、後白河法皇の第二皇子以仁王《もちひとおう》は源頼政と結んで、平氏打倒を諸国の武士らに呼びかけます。

呼びかけに源頼朝、源義仲らをはじめとして、各地の武士団が決起し、平家との争乱が全国的に繰り広げられることになるのです。

東国の頼朝は挙兵してからわずか2カ月で南関東を鎮圧し、木曽の義仲は倶利伽羅峠《くりからとうげ》で平家軍を破ると、一気に都に入り平家を追い出しました。しかしその後、都で狼藉をはたらいていた義仲軍は、奥州平泉から参戦した義経によって討たれてしまうのです。

義経はその勢いで平氏軍と一の谷、屋島で戦って勝利し、**追い詰められた平氏は１１８５年、壇ノ浦の戦いで滅亡しました。**清盛が64歳で亡くなってから4年後のことです。

頼朝の率いる東国の武士団は、源氏ゆかりの地である鎌倉に拠点をおき、幕府を開きます。

源平の争乱（平氏滅亡）

1179年　平清盛は後白河法皇を幽閉

1180年　後白河の子の以仁王、平氏打倒で挙兵

5月　源頼政挙兵

8月　石橋山の戦い

10月　富士川の戦い

1183年　倶利伽羅峠の戦い
（木曽義仲の活躍）

1184年　宇治川の戦い
（都へ上った義仲の軍は、狼藉をはたらき義経に討たれる）

一の谷の戦い

（義経、断崖絶壁を馬で奇襲し平家を討つ）

1185年　2月　屋島で平氏を討つ

3月　壇ノ浦で平氏滅亡

この時代の出来事

▼1177年
藤原成親ら平氏打倒のため挙兵、失敗

▼1180年
以仁王、源頼政と平氏打倒を呼びかける

▼1181年
頼朝・義仲挙兵
平清盛死去

▼1183年
倶利伽羅峠の戦い

▼1184年
源範頼・義経、義仲を討つ
一の谷の戦い

▼1185年
屋島の戦い（義経、平氏軍打倒）
壇ノ浦の戦い（平氏滅亡）

武家政権、鎌倉幕府

【封建制度によるはじめての政権】

21 min
までおさらい完了

平氏打倒に活躍した源義経でしたが、兄頼朝との仲違いで鎌倉を追放されてしまいます。**義経は奥州平泉の藤原秀衡《ひでひら》のもとへ逃げ延びるものの、子の泰衡《やすひら》によって襲われ、自害しました。**

平家滅亡ののち頼朝は、１１９２年征夷大将軍に任命され、鎌倉幕府が誕生すると、東国を中心として確立した頼朝の権力が、はじめての武家政権として広く全国に行きわたりました。

鎌倉幕府の基本は、将軍と御家人との主従関係にあります。将軍は領地をあたえる新恩給与《しんおんきゅうよ》や、土地の権利を認める本領安堵《ほんりょうあんど》といった御恩をあたえ、これを受けた御家人は武力による奉公を義務付けられるというものです。この主従関係に基づく制度のことを封建制度といいます。幕府の支配構造は実務的なもので、将軍以下侍所《さむらいどころ》、政所《まんどころ》、問注所《もんちゅうじょ》と職制を設け、侍所では御家人の統制にあたり、政所では一般政務や財政、問注所では裁判事務を担当しました。

地方ごとに軍事指揮や行政にあたる守護を置き、その下には荘園や公領の管理や年貢の徴収にあたる地頭を置きました。ほかに、朝廷との連絡役の京都守護、九州の御家人を束ねる鎮西奉行、奥州御家人を統率する奥州総奉行といった組織が整えられたのです。

はじめての武家政権

1192年　頼朝、征夷大将軍に任命され鎌倉幕府成立

※鎌倉幕府の成立年については諸説あり

《鎌倉幕府のしくみ》

将軍と御家人（従者）との主従関係〈封建制度〉

〈鎌倉〉
将軍

- 侍所（御家人の統制）
- 問注所（裁判事務）
- 政所（一般政務や財政）

●〈京都〉京都守護

●〈諸国〉守護――地頭・御家人（公領・荘園管理や年貢徴収）

Check!

源義経(1159～89年)

●戦の名人、それゆえに兄に疎まれた？

頼朝とは母親違いの義経だったが、平氏討伐に頼朝が挙兵すると続いて参戦し、屋島・壇ノ浦の戦いで大活躍をみせる。ところが鎌倉へ戻った義経を頼朝は追放処分に。それというのも、後白河法皇が、軍事に優れた義経を頼朝の対抗者として考えていたからだといいます。義経は孤立し平泉で悲劇的な最期を遂げた。

第2章
中世

北条氏と執権政治

【源氏の滅亡と執権政治の完成】

22 min までおさらい完了

幕府を開いてからわずか7年で、頼朝は亡くなり、跡を頼朝の子である頼家が継ぎました。しかし18歳と若かったこともあって御家人の代表13人の合議制という政治体制がとられたのです。その中心となったのが頼朝の妻である政子の父、北条時政でした。**時政は政所別当として政治の実権を握り、やがてその職は執権と呼ばれ、以後北条氏の世襲となります。**

頼家が重い病を患うと、時政は将軍職を奪って伊豆に追放し、頼家の弟実朝を3代将軍の座につけます。実朝はわずか12歳という若さで将軍となりますが、1219年、頼家の二男公暁《くぎょう》によって鶴岡八幡宮で暗殺されてしまい、**源氏の血筋はわずか3代で絶えてしまいます。**

時政の子の義時の頃になると、北条氏は政所別当のほか、侍所別当までも独占するほどに権力をもつようになっていました。一方で、京では朝廷の権威を回復しようと、後鳥羽上皇が軍事力の強化を図り、実朝暗殺を契機に幕府打倒の兵を挙げます。

しかし1221年、上皇側は大敗を喫して隠岐に流されます（承久の乱）。1232年、義時の子の泰時は、武家の法典である御成敗式目を定め、執権政治は完成をみるのでした。

執権政治（源氏の断絶）

1199年　源頼朝死去（初代将軍）

頼朝の子、頼家（18歳で2代将軍）
御家人代表13人の合議制
（頼朝の妻･北条政子の父･北条時政が中心）

執権　北条氏の世襲

頼家の弟、実朝（12歳で3代将軍）

1219年　実朝は頼家の二男、公暁により暗殺
（源氏は3代わずか27年で断絶）

<執権>幕府の実権を握る北条氏

北条時政――(子) 義時――(子) 泰時
1232年
執政政治の完成………御成敗式目制定

この時代の出来事

▼1199年　源頼朝死去
▼1202年　頼家、征夷大将軍
▼1203年　頼家、伊豆に追放
実朝、3代将軍を継承
▼1219年　実朝、公暁により暗殺（源氏断絶）
▼1221年　承久の乱
▼1232年　御成敗式目を制定

第2章
中世

武士の土地支配と生活
【武士としての精神や道徳の基礎ができた】

23 min
までおさらい完了

当初、武士たちは、地頭や荘園の荘官として年貢を徴収し、荘園領主におさめていたのですが、領主は京都や奈良に居住していたために、**現地を支配するのは次第に武士たちにまかされるようになります。**とくに地頭は、土地を開墾してその年貢を自分のものとしたり、年貢について荘園領主に虚偽の報告をするなどして、領主との間でトラブルを起こしました。

争いは幕府にもちこんだものの、長い年月と裁判費用を負担することから、やがて荘園の管理は地頭にまかせ、紛争がおこらないように年貢の納入だけを領主と契約する地頭請所や、地頭と領主が土地や農民を折半して管理する下地中分《したじちゅうぶん》などといった方法を採るようになりました。これによって地頭の荘園支配はますます進むことになったのです。

武士の多くは先祖からの村落を背景にした所領地に館《やかた》を構えていました。館の周囲には堀や塀などがめぐらされ、武士団の拠点にもなりました。**武士団を構成するのは、血縁による結びつきの一族で、宗家（本家）の首長は惣領（家督）と呼ばれました。**惣領は兄弟などの庶子《しょし》を従え、戦いには団結し、また幕府への軍役や年貢の納入も統括しました。

武士の土地支配

武士
地頭や荘園の荘官として年貢を徴収

→ 荘園領主におさめる（年貢）

領主は、京都·奈良に居住していたため武士たちにまかせる

地頭は幕府の力を借りて勢力をのばす → **争い**

●荘園の管理を地頭にまかせる

地頭請所
下地中分
→ やがて荘園の支配権は地頭に移る

武士団の拠点

先祖からの村落を背景にした

所領地

館

武士の精神·道徳の成立

武士団
血縁による一族

宗家（本家）
惣領（家督）

第2章
中世

【2度にわたる襲来をしりぞける】
元寇と鎌倉幕府の衰亡

24
min
までおさらい完了

12〜13世紀頃の東アジアでは、モンゴル高原にチンギス＝ハンがあらわれ、モンゴルを統一すると中央アジアへ遠征します。ヨーロッパから中国北部までを征服し、朝鮮半島の高麗を服属させると、日本に対しても朝貢の要求を繰り返していました。

時の執権であった北条時宗がこれを無視すると、国号を元とあらためたチンギス＝ハンの孫フビライは、2回にわたって日本に襲来しました（文永の役・弘安の役）。主に九州の御家人たちが団結してこれを退けることができましたが、**敵領地を獲得できなかった幕府は彼らに恩賞を与えることができませんでした。**

御家人たちは領地を手ばなして戦費を捻出していたため、貧窮する者が続出します。しかも、鎌倉時代の中期頃からは、戦がないため所領をふやすことができない上に、武士は一族の子弟に所領を分ける分割相続を原則としていたので、代を重ねるごとに所領は少なくなる一方だったのです（のちには惣領が全所領を相続する単独相続へとあらためられる）。

御家人の不満はつのり、やがて鎌倉幕府の崩壊へとつながっていくのでした。

元寇（文永の役・弘安の役）

チンギス=ハン（成吉思汗） ―― 13世紀モンゴル統一
↓
中央アジアへ遠征

（元）
孫フビライ ―― 朝貢要求（日本） → 北条時宗（鎌倉幕府）

1274　文永の役
1281　弘安の役
（2回来襲）

遠征中止

北条時宗（鎌倉幕府）
｜
御家人が応戦
｜
幕府への不満
｜
幕府の衰退

元寇による御家人の変化

前

戦争がない＝
土地をもらえない

分割相続
↓
貧しい御家人

後

自腹で出征したため
↓
困窮化
↓
戦利品もなし
さらに貧しくなった

第2章 中世

【民衆を救う新仏教】
鎌倉時代の新しい動向

25min までおさらい完了

鎌倉時代は、新しい仏教の宗派が登場してきた時期でもありました。たとえば、法然は念仏を唱えるだけで極楽浄土に行くことができると説きました。南無阿弥陀仏と唱えれば、それだけで救われるという専修《せんじゅ》念仏の教えは、武士や農民に広く浸透しました。浄土信仰は、従来の浄土教を法然が改修したもので、法然は後に浄土宗の開祖とされました。

法然の弟子の親鸞は悪人正機説を唱えました。善人は自分の力で成仏できるが、悪人（煩悩の多い人）は真に救われたい思いで仏に頼るので、悪人こそ救われるべきだと説いたのです。信仰心をもつだけでよいとする教えは、広く受け入れられ、やがて浄土真宗に発展しました。

また武士にとくに好まれたのが禅宗です。坐禅を組んでひたすら瞑想をすることで、悟りの境地に至ろうとする修行方法が、この時代の武士の精神のあり方と合致したのでしょう。

そのほか、時宗《じしゅう》と呼ばれるようになる教えを布教した一遍、日蓮宗を開いた日蓮などが、それぞれに独自の教えを展開したのです。**多数の新しい宗教が生まれた背景には、旧仏教の堕落がありました。大寺院が利権争いに夢中になっている間に、民衆は新しい仏教に傾倒したのです。**

鎌倉時代の新しい仏教

武士や農民が台頭してきた時代—新仏教登場

宗派	開祖	おもな著書
浄土宗	法然	『選択本願念仏集』
浄土真宗	親鸞	『教行信証』(悪人正機説)
日蓮宗	日蓮	『立正安国論』
時宗	一遍	『一遍上人語論』
臨済宗	栄西	『興禅護国論』
曹洞宗	道元	『正法眼蔵』

新仏教が生まれた背景

旧仏教の堕落 ➡ 大寺院では利権を守る争い

この時代の出来事

▼1175年
法然、浄土宗を広める

▼1191年
栄西、臨済宗を広める

▼1221年
承久の乱

▼1224年
親鸞、『教行信証』著す

▼1227年
道元、曹洞宗を伝える

▼1253年
日蓮、日蓮宗を広める

▼1274年
一遍、時宗を広める

第2章 中世

建武の新政と南北朝

【鎌倉幕府の滅亡と武士たちの反乱】

鎌倉時代中期頃から、朝廷では皇位を争って持明院統と大覚寺統が対立していました。幕府は両統迭立《てつりつ》（交代で皇位につく）方式を提唱し、実質的には政治の実権を握っていたのです。

大覚寺統から即位した後醍醐天皇は、宋の君主制を学び政治の刷新をはかるため、弱体化した幕府を倒そうと計画するのですが、二度とも幕府の知るところとなり成功には至りませんでした。一旦は隠岐《おき》に島流しになった後醍醐天皇でしたが、**足利高氏（尊氏）らの協力を得て討幕をすすめ、新田義貞が鎌倉に攻め入り、1333年、鎌倉幕府は滅亡しました。**

後醍醐天皇は天皇親政の新しい政治、建武の新政を行ないました。しかし天皇の権限を強化し、武士の慣習にまで踏み込む新政に対して武士たちは不満をつのらせ、次々に反乱を起こします。足利尊氏が京都を制圧し、建武の新政は、わずか3年という短いものとなりました。

京都を追われた後醍醐天皇は、奈良の吉野に逃れそこで正統の天皇であることを主張するのですが、足利尊氏は京都に持明院統の光明天皇を擁立していたので、このあと約60年もの間、**京都の朝廷（北朝）と吉野の朝廷（南朝）が争いを続ける南北朝時代が続きます。**

26 min までおさらい完了

鎌倉幕府の滅亡と建武の新政

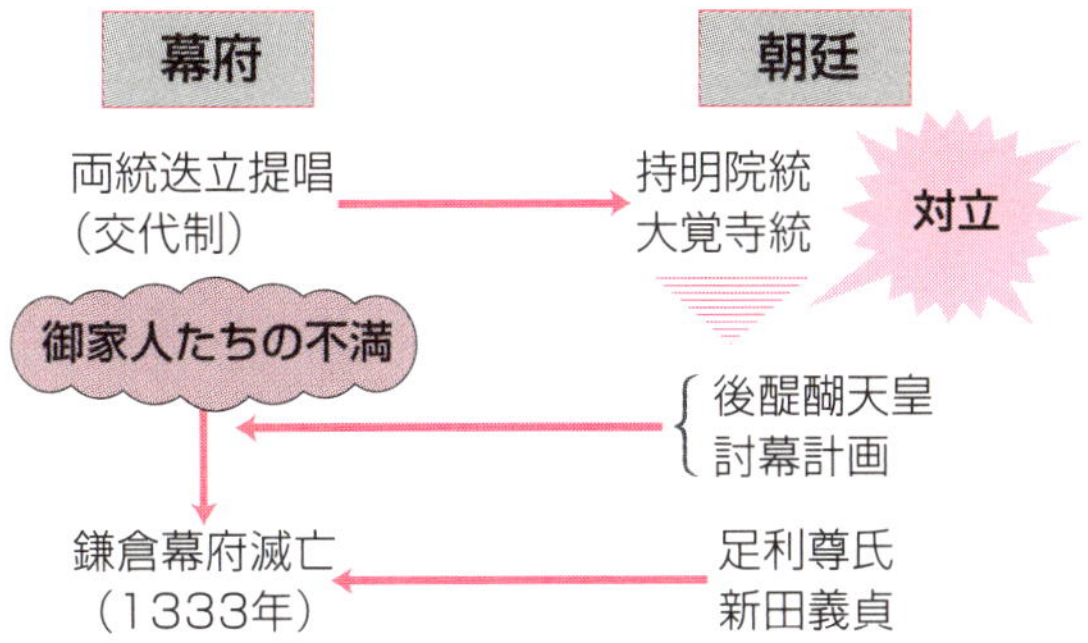

後醍醐天皇が天皇親政を行なう…建武の新政（1333年）

建武の新政機構

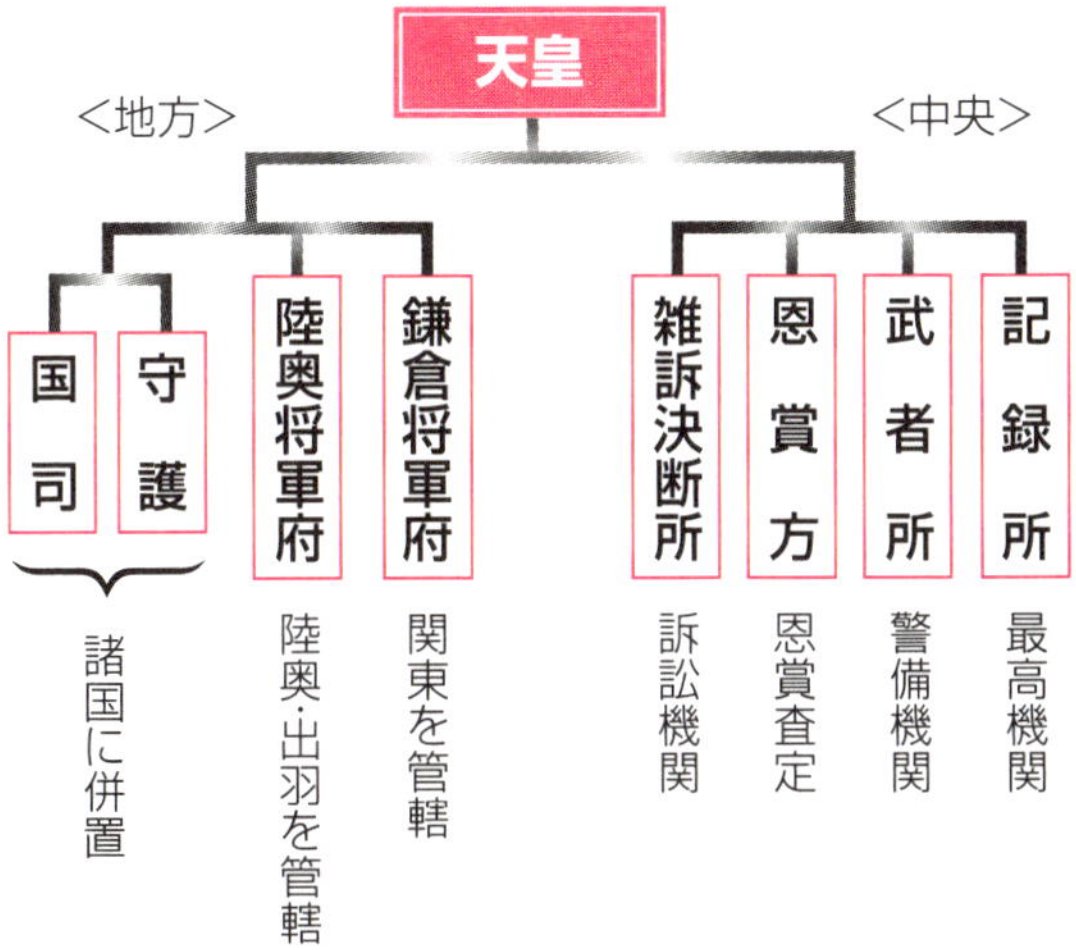

※1336年足利尊氏が京都を制圧し、建武の新政は3年で終了

第2章
中世

【足利氏の政治と争い】

建武式目の制定と室町幕府

27
min
までおさらい完了

京都に光明天皇を立てた足利尊氏は、政治方針の建武式目を発表、1336年に室町幕府が誕生しました。足利氏は源氏の血筋を引く名門ですから、源氏の武家政権が復活したのです。

室町幕府は1338年に北朝から征夷大将軍に任命された尊氏と、弟の直義《ただよし》による二頭体制をとりました。尊氏が軍事を、弟直義は政事を分担しますが、次第に兄弟間の溝は深まり、直義と尊氏の執事の高師直《こうのもろなお》が対立したことによって衝突は避けられなくなりました。1350年以降、各地で武力による争乱となり（観応《かんのう》の擾乱《じょうらん》）、師直が殺害され直義が敗れたあとも戦いは尾を引き、尊氏派と旧直義派、そして南朝勢力の三者は、長期にわたって争いを続けました。

戦いが長引いた背景のひとつに、武家の相続が従来の分割相続から単独相続へと移行したことがあげられます。本家と分家の関係はそれぞれ独立したものとなり、各家では所領をすべて嫡子《ちゃくし》が相続するようになったため、武士の内部に対立や紛争が頻発したのです。

しかし**長期間争っていた南北朝も、尊氏の孫の義満が将軍になる頃にはおさまり、足利政権は安定し、武士たちも幕府の組織に組み込まれました。**

足利氏の政治

＜南北の対立＞

将軍（初代将軍）
足利尊氏
足利直義（弟）
（二頭体制）
→ 観応の擾乱（1350年）
足利義詮（2代）
足利義満（3代）
→ 和睦させる（南朝と北朝）→ **南北朝統一果たす**

北朝
光明天皇（足利尊氏が立てる）
崇光天皇
後光厳天皇
後円融天皇

南朝
後醍醐天皇
後村上天皇
後亀山天皇

朝廷は鎌倉時代に持明院統と大覚寺統に分裂。鎌倉幕府は両統迭立を提唱したがこれが気に入らなかったのが、後醍醐天皇だった。足利尊氏は恵まれない持明院統の光明天皇を立て将軍となる

この時代の出来事

▼1336年
足利尊氏、建武式目制定
後醍醐天皇、吉野へ

▼1338年
尊氏、征夷大将軍に
室町幕府成立

▼1350年
観応の擾乱

▼1358年
足利尊氏、死去

▼1368年
足利義満3代将軍継承

▼1392年
南北朝の合一

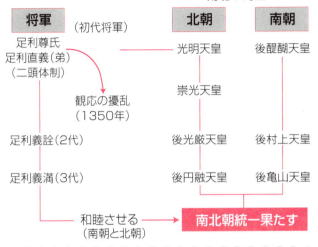

第2章 中世

足利義満と幕府の機構

【南北朝の統一を果たした、3代将軍義満】

義満の時代になると幕府は最盛期を迎え、幕府の機構も整いました。**しくみは、鎌倉幕府を踏襲したかたちでしたが、将軍と守護大名の関係を調整する職として新たに管領を置きました。**この管領には斯波《しば》・畠山《はたけやま》・細川《ほそかわ》といった足利氏一門の有力守護大名が交代で任にあたり（三管領）、侍所の長官（所司）には山名・赤松・一色・京極の4氏（四職）から選ばれました。

管領の職は、侍所・政所・問注所を統轄し、将軍の命を守護大名に伝えることです。中央は警備、裁判を担当する侍所、幕府の事務、財政を担う政所などが主体となって運営されました。

地方では関東を重要視し、尊氏の子の基氏《もとうじ》が鎌倉幕府の長である鎌倉公方となり東国を支配しました。以来、鎌倉公方は基氏の子孫によって世襲され、公方を補佐する関東管領には代々上杉氏がつきました。幕府と同じ組織をもつ鎌倉府は、権限も大きかったため、京都の幕府と対立し、衝突することも幾度となくありました。

尊氏、義詮《よしあきら》ができなかった南北朝の統一を成し遂げ、幕府組織を堅固にした義満でしたが、1408年、はやり病にかかり、急死してしまいました。

28 min までおさらい完了

室町幕府のしくみ

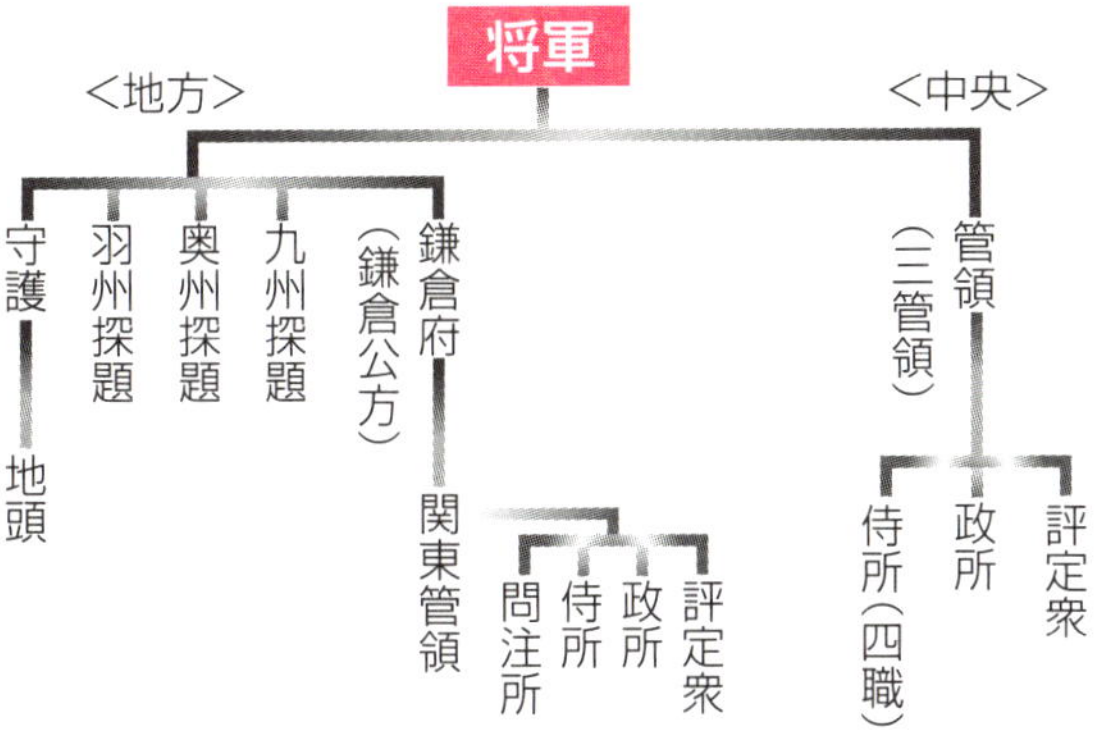

※室町幕府は、基本的には鎌倉幕府のしくみを踏襲した。
数少ない新しいところは、管領をおいたところ

管領のしごと ―― 評定衆·問注所·政所·侍所を統括し、将軍の命を守護大名に伝える

管領には足利氏一門の有力守護大名が交代で任にあたった
（斯波·畠山·細川）

Check!

足利義満（1358～1408年）

●60年近く続いた南北朝対立をまとめる！

3代将軍義満は、祖父尊氏が亡くなった年に生まれている。幼少の頃は戦乱に巻き込まれ、つらい時期もあったようだが、室町幕府の最盛期に将軍職についた義満は皇室の帝位を奪うことまで考えるようになった。南北朝の統一を成し遂げるとともに、世界文化遺産の金閣寺を建立したことでもよく知られている。

第2章 中世

東アジアとの交易と倭寇

【日明貿易で、権威と財源を得る室町幕府】

29min までおさらい完了

日本国内が南北朝の動乱に揺れ、室町幕府が確立してくる14世紀後半頃は、**東アジア地域の情勢も大きく変化を遂げた時期でした。**

1368年になると、**中国では漢民族の明王朝が誕生します。**

ちょうどその頃、中国大陸沿岸や朝鮮半島の海域では日本人の海賊集団である倭寇が暴れていました。海賊を構成していたのは、おもに九州や付近の住人たちで、船2~3隻から数百隻におよぶものまでその規模はさまざまでしたが、食料を略奪するなどの行為をはたらく集団でした。朝鮮の武将、**李成桂はこの倭寇を撃退するとそのまま高麗も滅ぼし、1329年、李氏朝鮮を建国しました。**

義満の時代になって国内が一段落すると、倭寇はようやく取り締まられ、1401年、明と正式に国交をひらき使者を派遣しました。

義満は日明貿易によって自らの権威を誇る一方、幕府の大きな財源としました。日明貿易は、倭寇との区別を目的として、正式な交易であることを証明するための勘合を用いていたので、勘合貿易とも呼ばれていました。

東アジアとの交易・日明貿易

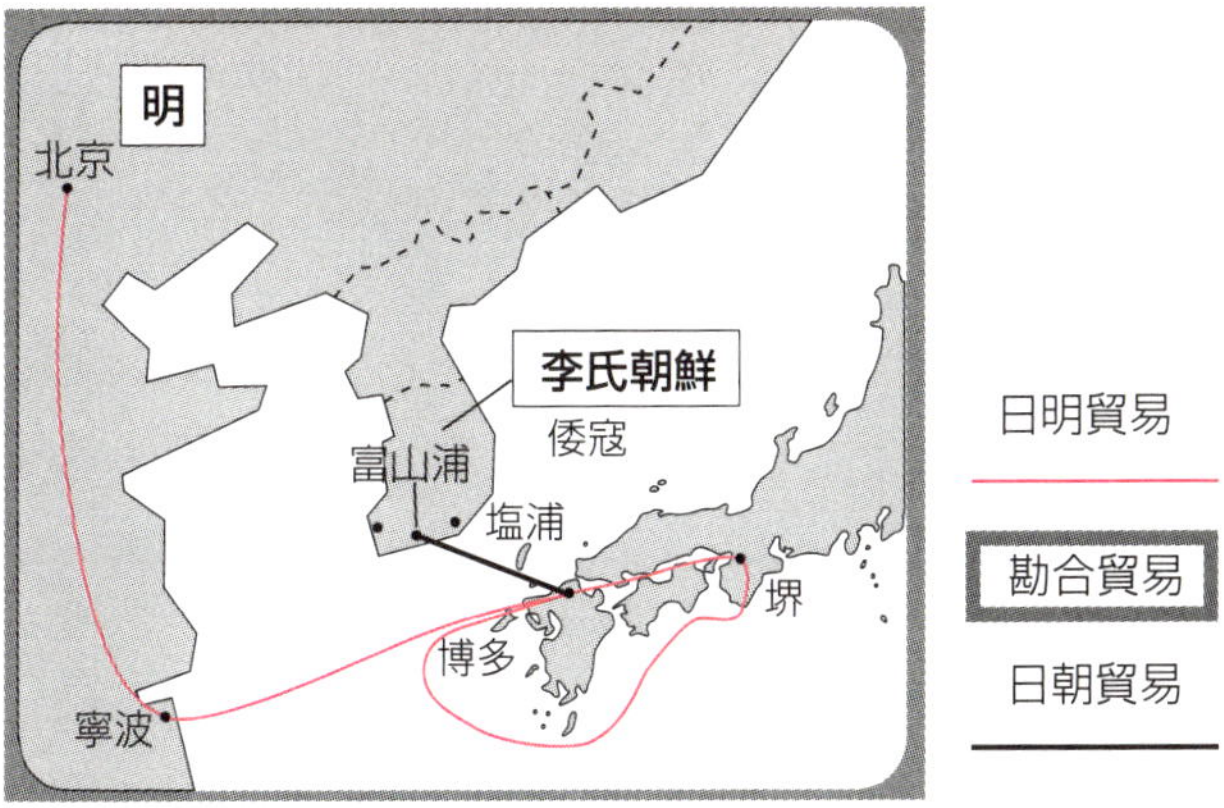

倭寇……中国大陸沿岸や朝鮮半島海域に出没した海賊集団（九州付近の住人たちで構成）

高麗から倭寇の禁止を求められた日本だったが、国内が騒乱状態にあり収拾することができなかった

李成桂は倭寇を撃退後、高麗を滅ぼし、李氏朝鮮を建国

この時代の出来事

- ▼1401年 明と国交
- ▼1404年 勘合貿易、始まる
- ▼1411年 明との国交、中断
- ▼1432年 明との国交、再開
- ▼1434年 勘合貿易、再開
- ▼1547年 最後の勘合船

第2章 中世

足利義政と応仁の乱

【将軍継承問題で武力衝突】

30min までおさらい完了

義満の跡を継いだ４代将軍、足利義持の時代、幕府の将軍と有力守護大名の関係は安定したものでした。しかし義持は43歳で亡くなり、16歳の長男義量《よしかず》も病気がちで、５代目将軍になってわずか2年の後に死亡してしまいます。若くして亡くなったために、後継者が決まっていなかったので、６代将軍はくじ引きで選ばれ、義持の弟、義教が将軍職に就きました。

義教《よしのり》は権力強化を目的として、従わない者を力ずくで押さえ込もうとしたため、対抗意識をもっていた鎌倉府との関係が悪化してしまいます。折しも鎌倉公方足利持氏と関東管領の上杉憲実《のりざね》の争いがおこったので、義教は持氏を討ち、続いて一色義貫《よしつら》、土岐持頼《もちより》らの有力守護を殺害しますが、**義教もまたまた、守護大名赤松満佑《みつすけ》によって暗殺されてしまい（嘉吉の変）、幕府の権威は地に落ちます。**

８代将軍足利義政のとき、次の将軍を弟の義視に決めるために、細川勝元を後見人にすることで了解をとったのですが、やがて生まれた実子の義尚《よしひさ》との間に継承問題がおこり、細川勝元を中心とする東軍と、山名持豊（宗全）ら西軍との間で１４６７年、武力衝突がおこります。**この戦国時代の幕開けとなる応仁の乱で、京の都は焦土と化したのです。**

応仁の乱

足利氏の系図　○は将軍就任順位

- 尊氏①─義詮②─義満③
  - 義持④─義量⑤
  - 義教⑥
    - 義勝⑦
    - 義政⑧─義尚⑨
    - 政知─義澄⑪
      - 義晴⑫
        - 義輝⑬
        - 義昭⑮
      - 義維─義栄⑭
    - 義視─義稙⑩

○義持が43歳で死亡…義量（若くして死亡のため世継なし）
6代将軍はくじ引きによって義教に決定（恐怖政治）
横暴な義教は守護の赤松満祐によって暗殺されてしまう
（嘉吉の変）1441年

○義政には子どもがなく、将軍を弟の義視に決めようと細川勝元を後見人にすると、義尚が生まれたために継承争いがおこってしまう（応仁の乱）1467年～

東軍	足利義政（父） 日野富子（母） 足利義尚（子） 細川勝元	VS	足利義視 山名宗全	西軍

合戦当初、義視は東軍にあったが、義政と不和になったため、半年後には西軍に参加

この時代の出来事

- 1416年 上杉禅秀の乱
- 1438年 永享の乱
- 1441年 嘉吉の変
- 1454年 享徳の乱
- 1467年 応仁の乱

第2章 中世

下剋上と社会の発達

【各地で多発した一揆のいろいろ】

応仁の乱のあと、幕府体制や荘園制は崩壊し、領国の実権は守護や国人（領主）に移っていきます。

地方では支配権を守るために国人と村が協力して近隣領主らと争う一揆が起こります。1485年に山城国《やましろのくに》（京都府）でおこった山城国一揆では、守護の畠山氏の家督争いに乗じて両軍を追い出し、8年間国人と農民によって自治的支配を行ないました。

1488年に一向宗の信者たちが、守護富樫政親《とがしまさちか》を自害に追い込んだ加賀（石川県）の一向一揆がおこります。**こうした階級的に下のものが上のものを倒す現象を、下剋上といいます。**

またこの時代には、商業や産業にも大きな変化がありました。地方の市場では市日の回数も、それまでの月3回の三斎市から月6回の六斎市となり、行商人の数もふえていきました。都市部では、見世棚（店棚）と呼ばれる店舗を構える小売店も数多くできてきました。

商品の流通にともなって貨幣の使用も多くなり、年貢を貨幣で納入することもふえてきました。運送業では馬を使った馬借、車借などが活躍し、主に船舶を用いた問丸《といまる》も活躍しました。農業では集約化や多角化がすすめられ、二毛作が広まり、生産性の向上がはかられたのです。

31 min までおさらい完了

下剋上の時代

応仁の乱のあと幕府体制崩壊 ➡ 実権は各地の守護・国人へ

各地でおこった一揆

山城国一揆　1485年

加賀の一向一揆　1488年

下の者の力が上の者の勢力をしのいでいく現象…下剋上

農民は共同体を形成

村の有力者 → 地侍（侍の身分を得る）

地方の守護大名と主従関係を結びます

（村をまとめる）

愁訴　要求書を出す

強訴　要求がとおらないとおしかける

逃散　耕作を放棄して逃げる

一揆　集団を組織し、武装蜂起

武器をもって実力行使 ▶ 領主に対して要求を提出

第2章 中世

室町文化

32min までおさらい完了

政治・経済の面で活躍していた武士が、文化の担い手となって誕生したのが室町文化です。**京都に幕府がおかれたことで、伝統ある公家文化と融合する一方で、民衆とも交流のある独特の文化が生みだされました。**

室町時代には、南北朝時代に生まれた南北朝文化、大陸文化の影響を受けた北山文化、そしてさまざまな文化の影響を受けて融合した東山文化が形成されましたが、**北山・東山文化はこの時代の双璧をなしているものです。**

南北朝文化が成立した時期は動乱の時代でもあり、歴史書や軍記物語が数多くつくられました。歴史書としては、源平の争乱から建武の新政までを公家の視点で記した『増鏡』があります。南朝の立場から皇位継承について説いた北畠親房の『神皇正統記』、『梅松論』なども記されました。軍記物語では、南北朝の動乱を描いた『太平記』があります。

公家、武家の間に広まったのが連歌で、その書として『応安新式《おうあんしんしき》』や『菟玖波集《つくばしゅう》』があります。

北山文化は、3代将軍義満の頃の文化で、**武家文化と公家文化の融合が特色となっており、それを代表するのが京都の北山に建てられた山荘・金閣寺です。**

義満の時代に開花した室町文化は、8代将軍義政の代に頂点を迎えます。**義政は京都東山に禅の精神を貴重とした簡素と伝統文化の持つ美意識を結集させた銀閣寺を建立、この時代の文**

化は東山文化と呼ばれました。

宗教面でいうと、臨済宗の夢窓疎石《むそうそせき》は足利尊氏の帰依を受けました。疎石は安国寺《あんこくじ》・利生塔《りしょうとう》の建立を進言。また、作庭への才能を発揮した疎石は、西芳寺庭園や天竜寺庭園などの名園を残しています。

水墨画では雪舟が、禅画から日本式水墨画の様式を確立します。大和絵でも水墨画との融合を図った狩野派がおこり、狩野正信・元信父子が活躍しました。

現在にも伝わる日本の伝統文化、茶道（茶の湯）・花道（生け花）などもこの時代に基礎ができあがりました。

世界遺産の構成要素ともなっている京都北山の金閣寺（鹿苑寺）

第2章 中世

幕府の弱体化と戦国大名の登場

【守護代が守護大名を倒し戦国大名へ】

16世紀前半、室町幕府をめぐる主導権争いが続いていました。将軍の実権はすでになく、管領の細川氏が主導権を得るものの、家臣の三好長慶《ながよし》、その家臣松永久秀《まつながひさひで》らに移っていきます。13代義輝《よしてる》、14代義栄《よしひで》の頃になると、将軍とは名ばかりの傀儡《かいらい》でしかありませんでした。**応仁の乱以降、全国に広がった下剋上の風潮は、実力で領国の支配を行なう戦国大名を生みます。**

この戦国大名のさきがけといえるのが北条早雲《ほうじょうそううん》です。早雲は足利家に仕える下級武士でしたが、鎌倉公方が古河方と堀越方に分裂して争っている混乱に乗じて、堀越公方を倒して相模をおさめる大名となりました。子や孫の代になると関東のほとんどを支配下に置きました。

16世紀半ばになると、越後（新潟県）の守護代長尾景虎は守護の上杉氏を継いで、上杉謙信を名乗り関東に進出します。そのほかの戦国大名では、謙信と戦った武田信玄、越前（福井県）の朝倉敏景、油売りから美濃（岐阜県）の大名になった斎藤道三らが有名です。

守護大名が守護代をおさえて戦国大名になった東国の武田や今川、九州の大友・島津などの例もあるものの、**ほとんどの場合は、守護代が守護大名を倒して大名になりあがったのでした。**

33 min までおさらい完了

戦国大名登場

16世紀前半の幕府

室町幕府をめぐる主導権争い → 傀儡 13代 義輝 14代 義栄 → 管領の細川氏が実権をもつ → 三好長慶 → 松永久秀

各地に戦国大名

ほとんどは守護代が守護大名を倒して、
なりあがったものたち

主な戦国大名

北条早雲	関東	守護の家臣から関東をおさめる大名へ
上杉謙信	越後	守護の上杉を継いで関東へ進出
朝倉敏景	越前	応仁の乱で西軍～東軍へ寝返り大名に
斎藤道三	美濃	油売り商人から主君を追い出し領主に

※そのほか戦国大名は、武田·畠山·大友·島津·伊達·
毛利·長宗我部など全国に多数

Check!

斎藤道三（1494～1556年）

●9回も改名し、なりあがったマムシの道三!

下剋上の代名詞といえばマムシの道三こと斎藤道三。11歳で寺に修行に出された道三は、還俗すると油売り商人となり山崎屋庄五郎を名乗る。すると商人として美濃の土岐家とかかわり武士に。土岐頼芸を追い出し美濃の国主になるのが49歳、それまでに9度も改名した。最期は息子に討たれて敗死してしまった。

第2章 中世

室町幕府の滅亡と織田信長

【天下統一を狙い室町幕府を倒す】

戦乱を繰り広げる戦国大名たちのなかには、次第に全国統一を目指す者があらわれましたが、その先陣を切ったのが織田信長でした。

1534年、織田信秀の三男として生まれた信長は、父の死により16歳で家督を継ぐと、守護代を滅ぼし尾張を統一します。その後の1560年、領地を接する大大名、今川義元が大軍を率いて進撃してきますが、信長は桶狭間の戦いで奇襲作戦を用いてこれを破り、7年後には美濃（岐阜県）を制圧、**天下布武《てんかふぶ》の印を使用して天下統一を宣言しました。**

翌1568年、将軍足利義輝の弟義昭は信長を頼って将軍職の回復をはかろうとし、信長は入京して義昭を15代将軍職に立てます。しかし間もなく両者は対立し、義昭側についた浅井・朝倉連合軍を姉川の戦いで破り、両軍についた比叡山延暦寺とも戦い、寺院制力をも制しました。

義昭は、諸国に反信長を呼びかけ続けますが、京都を追放されることになり、1573年、室町幕府は滅亡します。その後、信長は強敵、武田氏を長篠の戦いで討ち、当時最大の敵であった一向宗の総本山である石山本願寺も除きました。**彼の天下統一は、秒読み状態となったのです。**

34 min までおさらい完了

室町幕府滅亡と信長

戦国大名のなかで全国統一を目指した……織田信長

尾張を統一した信長　　三河の今川義元

勝利　2000騎　VS　2万5000騎　敗北

桶狭間の戦い
1560年

室町幕府は衰退をきわめ、13代将軍義輝の弟義昭は、
信長を頼って将軍職の回復を狙う

信長は義昭を15代将軍に立てる
1568年

信長は義昭
浅井
朝倉
姉川の戦いで破る
1570年

室町幕府滅亡――義昭➡信長によって京都追放
1573年

この時代の出来事

▼1560年
桶狭間の戦い

▼1565年
松永久秀、将軍義輝を暗殺

▼1567年
信長、斎藤道三を討つ

▼1568年
信長、足利義昭と入京

▼1570年
姉川の戦い

▼1571年
信長、比叡山を焼討ち

▼1573年
室町幕府滅亡

中世を代表する人物

平 清盛

院政を始めたのは白河上皇でした。院政が行なわれると上皇（元天皇）や法皇（出家した上皇）が天皇の政治に口を挟むことになり、上皇の間、天皇と上皇などの間に争いがおこります。この争いが崇徳上皇と後白河天皇のときには熾烈をきわめます。何が熾烈かというと、天皇家に巻き込まれた摂関家の藤原氏は忠通（兄）頼長（弟）、平氏は清盛（甥）忠正（おじ）、源氏にいたっては義朝（子）為義（父）が戦うという骨肉の争いだったからです。

この勝負は後白河天皇側が勝利をおさめるのですが、さらに内部抗争が続き平清盛と源義朝が武士の勢力を争うことになります。源氏と平氏の戦いでは清盛が勝利し、武士としてはじめての政権をとり、栄華を誇りました。義朝は敗死しますが、このとき義朝には頼朝のほかに常盤御前との間に3人の子がありました。常盤は幼な子を連れ逃げますが、いよいよとなると3人の子どもの命と引きかえに、夫を殺した清盛の愛人となります。そして3人の子のうちの一人義経こそが、のちに平家を滅亡させることになるのです。

第3章

近世

Yododono

Tokugawa Ieyasu

近世

武士の間の主従関係を崩壊させる下剋上が日本中に広がると、戦国大名が台頭してきます。

群雄割拠する戦国大名のなかから頭角をあらわしたのが、織田信長でした。

時を同じくして、ヨーロッパでは大航海時代を迎え、近代国家体制を整えた国々は、海外へ向けて植民地政策を展開していました。この時期日本へやってきたのは、スペイン人とポルトガル人です。ポルトガルからもたらされた鉄砲は、戦国時代にあった日本に大きな影響を与えたのです。

織田信長はいち早く鉄砲を合戦に取り入れ、天下取りを公言しますが、もう一歩というところで謀反に遭い、本能寺で命を絶ちます。信長を討った明智光秀は、同じく信長の家来であった豊臣秀吉に討たれます。ここに信長の後継者争いが始まり、賤ヶ岳の戦いを繰り広げた結果、豊臣秀吉が天下統一を果たすのでした。

しかし秀吉の政権も長くは続くことはなく、天下分け目の合戦として名高い関ヶ

おもな日本の出来事

1600

1541	武田信玄、父の信虎を追放
1543	鉄砲、種子島に伝来
1549	キリスト教伝来
1552	斎藤道三、主君土岐氏を追放
1560	桶狭間の戦い
1561	川中島の戦い
1567	信長、美濃加納に楽市令
1571	信長、比叡山延暦寺焼討ち
1574	信長、長島一向一揆を平定
1575	長篠の合戦
1576	信長、安土城築城
1582	本能寺の変
	豊臣秀吉、太閤検地
1583	賤ヶ岳の戦い
1584	小牧・長久手の戦い
1585	秀吉、関白となる
1587	バテレン追放令
	聚楽第完成
1588	刀狩令・海賊取締令
1590	秀吉、全国統一
1592	文禄の役
1597	慶長の役
1600	関ヶ原の戦い
1603	徳川家康、江戸幕府開く
1612	キリスト教を禁止
1614	大坂冬の陣
1615	大坂夏の陣(豊臣氏滅亡)
	武家諸法度・禁中並公家
	諸法度発布
1649	慶安の御触書発布
1651	慶安の変(由井正雪、自死)
1657	明暦の大火
1671	河村瑞賢、東廻航路開設

Arai Hakuseki

Amakusa Shiro

原の戦いを迎えるのです。東軍と西軍に分かれた大名らは、東軍に徳川家康、西軍に豊臣方の石田三成を配して戦いますが、東軍すなわち徳川家康側が勝利します。

家康は征夷大将軍となり、豊臣家を滅亡させると江戸に幕府を開き、それから後250年間もの間徳川家が政治体制を維持することになるのです。これにより、ようやく平和な時代がおとずれるのでした。

幕府の体制は3代将軍家光の頃までに確立し、しばらくは安定した政治が執り行なわれますが、5代将軍綱吉の頃になると幕府の財政問題が浮上してきます。幕藩体制の財政の基盤となるのは年貢の徴収でしたが、一方で貨幣が流通し始めると、その間で農民らは封建的な収奪制度と貨幣経済との板ばさみとなり、矛盾に苦しまなければならなかったのです。

農業に基盤をおきながらも、貨幣経済が広がり始めると、幕府や諸藩は改革に着手するもののその実現は容易ではありませんでした。

1684 新暦（貞享暦）採用
1685 生類憐みの令発布
1694 江戸十組問屋の成立

1700

1702 赤穂浪士討ち入り
1709 新井白石、正徳の治
1716 8代将軍徳川吉宗、享保の改革はじまる
1720 洋書輸入の禁の緩和
1722 小石川養生所設立
1732 享保の大飢饉
1782 天明の大飢饉
1787 寛政の改革
1792 ラクスマン、根室来航

1800

1808 間宮林蔵、樺太探検
1821 伊能忠敬『大日本沿海輿地全図』
1825 異国船打払令
1830 おかげまいり流行
1832 広重『東海道五十三次』版行
1833 天保の大飢饉
1834 水野忠邦、老中になる
1837 大塩平八郎の乱
モリソン号事件
1839 蛮社の獄
1841 天保の改革

第3章 近世

ヨーロッパ人の来航と南蛮貿易

【ポルトガルやスペインから宣教師が来日】

その頃、大航海時代を迎えていたヨーロッパでは、キリスト教の布教や海外貿易の拡大などを目的に、東アジアへ進出をはかっていました。その先頭に立って、最初に日本へやって来たのはポルトガル人でした。1543年に、種子島に漂着し、島主の種子島時尭《ときたか》に鉄砲の使用法と製造法を伝えると、鉄砲はまたたく間に全国へと広がりました。

6年後には、スペインのキリスト教宣教師フランシスコ＝ザビエルが来日します。当時最大のカトリック修道会であったイエズス会は積極的にアジア諸地域への布教をすすめていたのです。

ポルトガル人やスペイン人のことを、日本では南蛮人と呼び、長崎や平戸でヨーロッパ人との貿易を始めます。これを南蛮貿易といいます。南蛮人は鉄砲や火薬のほかに、ガラス製品や生糸、タバコやジャガイモなどをもたらし、日本からは銀などが輸出されました。

南蛮貿易は、キリスト教の布教活動と一体化して行なわれ、多くのキリスト教信者（キリシタン）を得ました。戦国大名のなかにも、自ら洗礼をうけてキリスト教の信者となる、大友宗麟、高山右近、小西行長などのキリシタン大名も出現しました。

35 min までおさらい完了

南蛮貿易と南蛮人

ポルトガル人・スペイン人……南蛮人

長崎・平戸で貿易…南蛮貿易

日本から輸出 → 南蛮
銀など

日本 ← 南蛮から輸入
鉄砲・火薬
ガラス製品・タバコ・ジャガイモ

<キリシタン大名分布図>

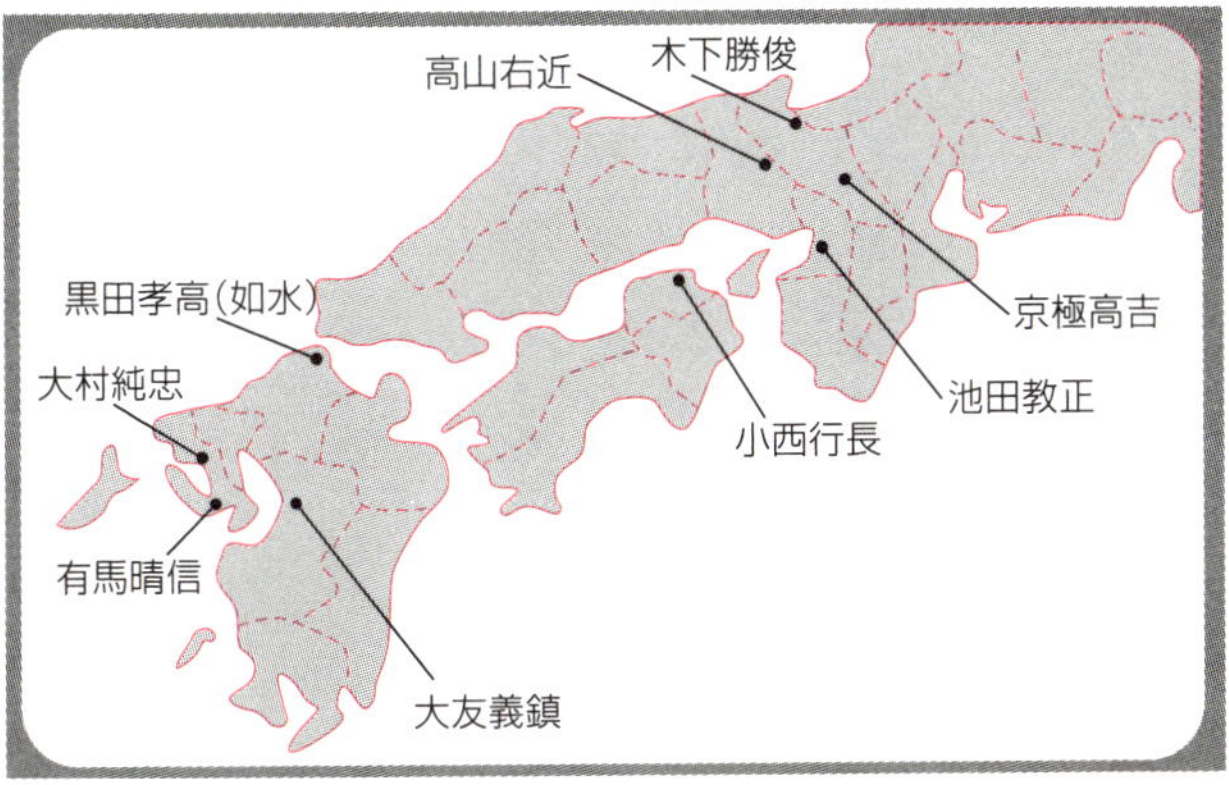

この時代の出来事

▼1543年
ポルトガル人、種子島漂着
鉄砲伝わる

▼1549年
スペイン(イエズス会)の
宣教師、ザビエル来日

▼1569年
信長、ルイス・フロイスの
京都での宣教活動を許可

▼1582年
大友・大村・有馬の三大名
ローマに少年使節派遣

▼1584年
ポルトガル商船、平戸来航

第3章 近世

信長の事業と本能寺の変

【宿敵を倒し覇業完成は目前】

36min までおさらい完了

室町時代の中期に、石山（大坂）の地に建てられた一向宗の石山本願寺に城を築こうとした信長は、寺の明け渡しを拒否する門徒らと長年にわたって死闘を繰り広げ、1580年にようやく寺院側を屈服させることに成功します。

1576年、信長は琵琶湖に面した交通の要衝に安土城を築き、京都・近畿・東海・北陸を支配下において、**まさに天下布武（武力で天下を統一すること）を実現目前としていたのです。**障壁画をはじめとして、安土城の築城にかかわる職人は京都・奈良・堺などからいずれも一流の者を呼び寄せ、最高の技術を集めたものでした。城が完成すると、城下に家臣を住まわせるようにしました。それまでの武士は、平時は農作業に従事して、戦いの時だけ集合するのが一般的だったのですが、信長は軍事にたずさわる専業者を組織しようとしたのです。

戦国時代は経済や商業が重要視された時代ですが、このことにいち早く着目したのが信長でした。堺を直轄領とし、城下に楽市・楽座を設けるなど新しい政策を打ち出しました。**ところが1582年、信長は家臣・明智光秀の突然の謀反により本能寺で討たれてしまうのです。**

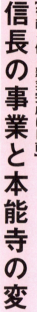

第3章 近世

信長の事業

信長の敵といわれるものは二つあった

武田信玄	石山本願寺
1573年死去 ▼	戦争開始 1570年 ▼
信玄の四男、武田勝頼との戦い 大量の鉄砲と馬防柵で圧勝 （長篠の戦い 1575年）	1580年 信長に屈服

○安土城を築城　1576年
（専業として軍事にたずさわる者を組織）
○楽市令　1577年
（商工業者の自由な営業活動を認める）
○全国一の経済力をもつ堺を直轄領とする

この時代の出来事

▼1570年
石山本願寺戦争開始
▼1573年
宿敵・武田信玄死去
▼1575年
長篠の戦い
▼1576年
安土城、築城
▼1577年
安土城下に楽市令
▼1580年
石山戦争終わる
▼1582年
本能寺の変（信長敗死）

第3章 近世

豊臣秀吉の全国統一

【信長の子三人を抑えて後継者となる】

織田信長の家臣であった羽柴秀吉は、信長の死を備中（岡山県）での毛利軍との戦いの最中に聞きます。**すると秀吉は毛利氏と和議を結び、京都へ取って返して、明智光秀を討ちます。**

秀吉は、後継者に信長と共に本能寺で亡くなった長男信忠《のぶただ》の子を立て、幼少であることを理由に後見役となります。これに信長の三男信孝《のぶたか》を立てようとした、重臣柴田勝家が対立し、賤ヶ岳《しずがたけ》の戦いとなりますが、秀吉が勝利します。このとき勝家と、その妻で信長の妹、お市の方は三人の娘を残し自害しますが、秀吉は後に三姉妹の長女茶々（後の淀殿）を側室とします。

翌年、信長の次男信雄《のぶお》は秀吉を討とうと、父信長の盟友である徳川家康を頼り、小牧・長久手の戦いで秀吉と戦います。秀吉は大きな打撃を被るものの、信雄と和議を結ぶことで、織田家の息子をすべて抑え込むことに成功し、後継者としての地位を確立するのでした。

1583年には大坂城を築城すると、四国、九州、関東、奥羽を次々と平定し秀吉は全国統一を果たすのでした。出自が源氏でも平氏でもない秀吉は征夷大将軍にはなれなかったため、公家の近衛前久《さきひさ》の養子となって関白となり、朝廷から豊臣《とよとみ》の姓を賜り、豊臣秀吉となりました。

37 min までおさらい完了

天下統一を果たす豊臣秀吉

秀吉は信長の死を毛利軍との戦い中に聞く
（備中）

京都へ戻り、明智光秀を討つ

本能寺で信長と共に亡くなった長男、信忠の子を立て、
幼少であることを理由に後見役に

賤ヶ岳の戦い（1583年）　**対立**

信長の三男の信孝を立てようとした柴田勝家
信孝・勝家、お市の方共に自害

信長の次男信雄は、家康を頼り
小牧・長久手の戦い（1584年） 信雄と和議を結ぶ

信長の息子三人を抑えることで信長の後継者となる

大坂城を築城し、8年間で天下統一

Check!
淀殿（1567～1615年）

●柴田勝家とお市の方の長女、幼名茶々！

賤ヶ岳の戦いで自害に追い込まれた柴田勝家は、信長の妹お市の方を妻にしていた。二度目の結婚相手であった勝家と共に自刃したお市の方は、三人の娘を残した。お市の方を救いたかった秀吉でしたが、それができず、三人の娘を保護し長女の茶々を側室にします。彼女は秀吉との間に秀頼をもうけ、淀殿と呼ばれた。

第3章
近世

【兵農分離で下剋上の世は終息】
秀吉の国内・対外政策

38 min までおさらい完了

秀吉は、豊臣政権の政庁として京都に聚楽第《じゅらくてい》を設け、後陽成天皇を迎えるなどして朝廷の権威と自らの力を諸大名らに誇示し、**全国に惣無事令《そうぶじれい》を発して、合戦や私闘を禁止しました。**

秀吉は、領地の検地を行ない、これを太閤検地と呼び、領地の生産量を米の量であらわす石高制を確立するとともに、それまで地域によって異なっていた穀物の量をはかる枡の統一をはかりました。これにより全国で同じ基準の検地が実施され、大名の石高が決まるようになったのです。その結果として大名は石高に見合う軍役を出すことが義務づけられました。

また、一揆を防ぐために、農民や町人から刀、槍、鉄砲などの武器を没収する刀狩令《かたながりれい》をだし、さらに武家が町人や百姓になったり、百姓が商売をすることを禁止する人掃令《ひとばらいれい》をだします。**この三政策によって身分は固定され、下剋上の世の中は終息を迎えたのでした。**

国内を平定すると、次に秀吉は中国大陸に目を向け、文禄・慶長の役を起こし、二度にわたり朝鮮に出兵しました。戦いは膠着状態となりましたが、秀吉が病死したことで中止されました。重い軍役を課せられた大名たちの不満は豊臣政権へと向けられ、衰退の一因となったのです。

秀吉の政策

国内政策

○検地―石高制の確立
○刀狩―兵農分離

検地によって財政基盤を確立させ、刀狩で一揆を防ぐことで身分制をはっきりさせた
人掃令で身分を固定させることで下剋上の終息へ

対外政策

○東アジアへの進出

朝鮮出兵
文禄の役　1592年
慶長の役　1597年
秀吉死去　1598年

秀吉が病死すると対外政策は一挙に中止へ。大名たちに負担の大きかった朝鮮出兵は、彼らの不満を大きくし豊臣政権衰退の原因となった

この時代の出来事

▼1582年
山崎の合戦(明智光秀敗死)
▼1582年〜
太閤検地
▼1583年
賤ヶ岳の戦い
▼1584年
小牧・長久手の戦い
▼1585年
秀吉、関白となる
▼1586年
秀吉、太政大臣となる(豊臣)
▼1588年
刀狩令
▼1590年
全国統一

第3章 近世

【秀吉軍と激突した徳川軍が勝利】

関ヶ原の戦いと江戸幕府

39 min までおさらい完了

当時秀吉には子がいなかったので、全国統一を達成すると、甥の豊臣秀次《ひでつぐ》に関白の座を譲り、自身は太閤となります。ところが2年後に実子の秀頼が誕生すると、すぐ秀次は排除されてしまいます。

1598年に秀吉が亡くなると、豊臣政権には古くからの家臣がいなかったこともあって、秀吉が生前に決めていた五奉行と五大老による合議制の政務が始まります。五大老は徳川家康、毛利輝元、宇喜多秀家、前田利家、上杉景勝。そして五奉行は石田三成、浅野長政、増田長盛、長束正家、前田玄以でした。約250万石の領地をもつ徳川家康は有力大名と親戚関係を結んで勢力を広げようとします。**この行動に異議を唱えたのが、五奉行の一人である石田三成でした。**

三成は五大老の一人毛利輝元と結んで、家康を討とうと挙兵します（西軍）。家康側（東軍）は会津へ上杉景勝を追討に向かっていたのですが、西へと引き返し、両軍は美濃国（岐阜県）関ヶ原で激突することになりました。この天下分け目の戦いで、家康は勝利をおさめます。

家康は1603年に征夷大将軍となり、江戸に幕府を開きます。**そして2年後には将軍職を子の秀忠に譲り、徳川家が将軍職を世襲することを世の中に示したのです。**

豊臣政権のしくみ

秀吉は全国統一をすると、秀次（甥）に関白の座を譲り自身は太閤に。2年後に実子の秀頼が誕生

側室 **淀殿** ― **秀吉** ― 正室 **ねね**（北政所）

秀頼

五奉行
浅野長政
石田三成
長束正家
前田玄以
増田長盛

1598年
（秀吉死去）
合議制の開始

五大老
上杉景勝
宇喜多秀家
前田利家
毛利輝元
徳川家康

秀吉は五奉行·五大老に秀頼を支えるよう頼んでその生涯を終えた

関ヶ原の戦い

しかし翌年
徳川家康が秀吉の命に背く

（西軍）
石田三成
毛利輝元

挙兵

（東軍）
徳川家康
加藤清正
福島正則

関ヶ原の戦い
（1600年）

（東軍）
徳川家康側の勝利

征夷大将軍…江戸に幕府を開きます
（1603年）

第3章 近世

桃山文化

40 min までおさらい完了

秀吉は、その晩年は伏見城に居住しましたが、後にその城跡に桃の木が植えられたことから、この時代を桃山時代と呼ぶようになりました。そこから、信長・秀吉の時代を居城の地名にちなんで安土・桃山時代というわけです。**秀吉が全国を統一して長かった戦乱の時代が終息すると、平和を満喫する文化が生まれます。**これを桃山文化といいました。

桃山文化を象徴するのは、城郭建築です。それまでは山城が一般的でしたが、この頃になると交通の便のよい平城となります。山城とは戦国時代に発達した城で、山の地形を利用して山頂あるいは尾根に城を造ったものです。

平城は、戦国時代の終わり頃の城の形態で、平地に堀や石垣をめぐらした中央部に、盛り土をして築城されたもので、政治的権威を象徴する意味合いが強くなった城郭です。安土城・大坂城・伏見城などはいずれも雄大できらびやかなもので、障壁画が描かれ、狩野永徳《えいとく》・狩野山楽《さんらく》といった狩野派の画家によるものでした。

彫刻では仏教彫刻に代わって欄間彫刻がさかんになり、家具や調度品などには蒔絵が描かれるなど、装飾性の高い作品があらわれました。

この時代には京都・大坂・堺・博多などの**町衆とよばれる富裕層が、新しい文化のにない手となり、茶道を確立した千利休は、その代表です。**茶の湯は秀吉や諸大名に保護され、大規模な茶会が開かれることもありました。

出雲阿国《いずものおくに》が京都で歌舞伎踊りをはじめ、阿国歌舞伎と呼ばれて庶民の間で人気となりました。

これをもとにして女歌舞伎が生まれますが、風俗を乱すという理由から17世紀には禁止されてしまいます。次に少年が演じる若衆歌舞伎も禁じられ、成人男性による野郎《やろう》歌舞伎が広く普及しました。

庶民の衣服としては、小袖が普及しますが、階層によって色やかたちなどに違いができました。男性は袴をつけることが多くなるなど、**いわゆる着物の様式が確立した時期でもあります。**

絵画では、唐獅子図屏風・檜図屏風、洛中洛外図屏風（狩野永徳）、松鷹図・牡丹図（狩野山楽）などが代表的な作品です。

国内でも珍しい現存する天守閣を持つ兵庫県の姫路城

第3章
近世

幕府のしくみと制度

【豊臣の滅亡と幕藩体制支配】

41 min
までおさらい完了

江戸に幕府を開いたものの、豊臣家を脅威に感じていた家康は、挑発を繰り返して戦いに持ち込み、**二度にわたる大坂の陣で1615年、ついに豊臣家を滅亡させます。**

以後家康は、一国一城令、武家諸法度《ぶけしょはっと》などを制定し、大名の統制をはかります。大名とは1万石以上の石高をもつ武士のことで、大名がおさめる領地と、その支配機構のことを藩と呼びました。そして全国の重要なところを徳川家の親戚におさめさせて、これを親藩と呼んだのです。次に関ヶ原の戦い以前からの家臣だった大名を重くとりたて、譜代大名とし、関ヶ原の戦い以降に徳川に仕えた大名は外様大名として、江戸から離れたところをおさめさせたのです。

家康は、将軍家は代々徳川が継承すると最初に宣言しましたが、仮に跡取りがいない場合にそなえて、御三家を配しました。尾張には九男の義直《よしなお》、紀伊には十男の頼信《よりのぶ》、そして水戸には十一男頼房《よりふさ》をおいたのです。江戸幕府の制度は3代将軍家光の頃になるとほとんど基礎が固められ、**武家諸法度が定められ、大名に領国と江戸を往復させる参勤交代の制度も確立しました。**

これにより新たな主従関係ができあがり、この政治支配体制を幕藩体制といいました。

豊臣家の滅亡

江戸に幕府を開いた家康は
大坂城の豊臣秀頼を討とう
と機をうかがっていた

大坂城

1614年　大坂冬の陣　秀頼・淀殿
1615年夏の陣で　国松（秀頼の子）

殺害
2代で滅亡する豊臣

大名の統制

一国一城令………領国に城はひとつとする

武家諸法度………大名統制の基本法

参勤交代…………領国と江戸を1年交代で往復

大名配置…………重要地は親藩・譜代、辺地は外様

※将軍と諸大名の主従関係ができ、幕府と藩による支配が確立される——幕藩体制

この時代の出来事

▼1598年
秀吉死去・秀頼、家督相続

▼1600年
関ケ原の戦い

▼1603年
家康、征夷大将軍となる
江戸に幕府を開く

▼1605年
秀忠、征夷大将軍となる

▼1614年
大坂冬の陣

▼1615年
大坂夏の陣
豊臣家滅亡

第3章 近世

江戸幕府の職制

【大名・朝廷を管理するしくみを整える】

江戸幕府のおもな職制は、3代将軍家光の頃に完成します。**将軍を筆頭に、補佐役に数名がおかれ、最高職に大老がありましたが、大老は常置されているものではなく、重要案件が生じた際などに召集されました。大老職は譜代大名のなかでも井伊、酒井、土井、堀田の家柄に限られていました。**老中の下には、大目付、大番頭、町奉行、勘定奉行などがおかれ、大名・**譜代大名のなかから選ばれました。**旗本のなかから選ばれていました。

大目付は、大名の監視役ですが、旗本の監視には目付があたり、大番頭は江戸城と江戸市内の警備にあたり、町奉行は江戸市中の行政・司法・警察業務を担当しました。勘定奉行は幕府の財政管理・運営を行ない、京都・大坂・長崎などの重要な幕府領の奉行を遠国奉行と呼びました。**これら老中と三奉行は、必要に応じて評定所《ひょうじょうしょ》で合議によって裁決を下しました。**

幕府の軍事を担当したのは、将軍直属の家臣、旗本と御家人でした。どちらも江戸に在住し軍役を担当していましたが、謁見《えっけん》が許されているのは旗本だけでした。江戸幕府は、諸大名のみならず禁中並公家諸法度で朝廷までも管理したところが、これまでの幕府との大きな違いです。

42 min までおさらい完了

江戸幕府の職制

- 将軍
  - ＜中央＞
    - 大老（堀田・土井・酒井・井伊）
    - 老中
      - 大目付（大名の監視役）
      - 大番頭（江戸城と江戸市内の警備）
      - 町奉行（江戸市内の行政・司法・警察業務）
      - 勘定奉行（財政管理・運営）
      - 遠国奉行（京都・大坂・長崎など）
    - 側用人
  - ＜地方＞
    - 若年寄
      - 書院番頭
      - 小姓組番頭
      - 目付（旗本・御家人の監視）
    - 奏者番
    - 寺社奉行
    - 京都所司代
    - 大坂城代

※軍事を担当したのは、将軍の直属の家臣、旗本（将軍との謁見可）・御家人だった

この時代の出来事

▼1615年 武家諸法度・禁中並公家諸法度を制定

▼1616年 家康死去

▼1623年 2代将軍秀忠から3代家光へ

▼1635年 参勤交代制を定める

▼1651年 家光死去

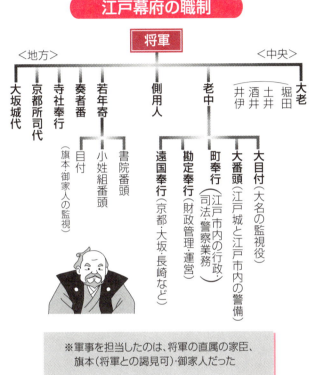

第3章 近世

幕藩体制の基盤、農民支配

【次々と禁令を出し農民を統制】

米を中心とした生産物からなる年貢によって支えられていた幕府の財政は、農業に従事する農民が基盤となっていました。そのため農業経営を守り年貢収入を安定化させるために、農民に対してもさまざまな統制を行ないます。

1643年には、田畑永代売買の禁令をだし、農民が田畑を売り小作人となることを防ぎ、分地制限令では、分割相続による田畑の細分化を防止、また田畑に木綿・菜種・たばこなどの商品作物を勝手に栽培してはいけないという、田畑勝手作りの禁もだしました。1649年には、贅沢の禁止など農民の日常生活に踏み込んで、細かく定めた慶安の触書《ふれがき》を示しました。

農民の負担は年貢が中心で、生産収穫高の40～50%が米や貨幣でおさめられ、年貢以外にも、雑税の小物成《こものなり》や国役《くにやく》といった河川の土木工事、あるいは街道沿いの村に課せられた人馬の拠出、伝馬役《でんま》などの**諸負担は、厳しい定めとともに貧しい農民たちにとって重いものとなったのです。**

その村では名主や組頭《くみかしら》・百姓代などの村役人からなる本百姓が中心となって、自治体的運営を行っていました。村人は五人組を組織し、年貢の納入や犯罪には連帯責任で対処しました。

43 min までおさらい完了

農民に対する統制

幕府の財政は、農民の年貢が基盤となっていたため農民に対する統制も行なった

- 田畑勝手作りの禁　1616年～
  五穀以外の作物を自由に作ることを禁止
- 田畑永代売買の禁令　1643年
  農民の土地の売買を禁止
- 慶安の触書　1649年
  農民の日常生活の贅沢を禁止

農作物に対する統制は、年貢の徴収を安定的に行ないたい幕府の政策だった。また農民が貨幣経済に巻き込まれないようにするための対策でもあった

農民の自治体的運営

村

村方三役で村を運営

名主（村の運営を行なう）
組頭（名主を補佐する）
百姓代（村政を監視）

← このなかから選ばれる

本百姓（土地を所有）

水呑百姓（田畑を所有しない）

政治に参加することはできない

城下町と町人

【城下町は商人や職人の経済活動の場であった】

江戸時代は、城下町を中心として各地に多くの都市がつくられ、武家や寺社そして町人が居住する区域が決められ、**城郭と武家の居住地域が城下町のほとんどを占めました。**

町人が居住する地域は町方とも呼ばれ、村と同じく自治組織があり、小社会が多数存在していました。町内に家をもつ者は町人と呼ばれ、名主（町名主）や町年寄・月行事などの代表を中心に、町を運営していました。町人には農民とは違い年貢はありませんでしたが、町の機能を整備・維持するための町人足役《ちょうにんそくやく》や負担金などの分担がありました。町には宅地を借りて家を建てる地借《じがり》という方法や、家を借りて住む借家《しゃくや》、店借《たながり》などがありました。借家や店借は地主に地代《じだい》あるいは店賃《たなちん》を支払うだけですが、町の運営に参加することはできませんでした。

また幕府の直轄都市であった江戸・大坂・京都は三都《さんと》と呼ばれ、政治・経済の中心的都市として発展しました。江戸は大名たちの藩邸を中心に栄え、商人や職人が集まりました。**大坂は「天下の台所」と呼ばれて、大商業都市となり、京都は古代以来の伝統を育む高い技術で、芸術や手工業生産の面で幕府や諸大名の要望にこたえたのです。**

44
min
までおさらい完了

城下町

城を中心にした多くの都市がつくられた江戸時代

将軍や大名が居住する城郭の周辺に武家・寺社・町人が居住する区域が定められていた

町の自治組織・町方

町人が居住する地域

町

町役人→町を運営

町年寄（町人の身分の役人）

町名主（町年寄を補佐する）

町人（地主・家持）

地借（土地を借りて家を建てる）

借家・店借（家・土地を借りる）

政治に参加することはできない

城下町以外の都市
港町・門前町・鉱山町
幕府の直轄都市
（三都　江戸・大坂・京都）

第3章
近世

【西国大名の経済成長を恐れた】
外交と鎖国政策

45
min
までおさらい完了

1600年、オランダ船が豊後（大分県）にやってくると、**家康はオランダ人のヤン＝ヨーステンとイギリス人のウィリアム＝アダムスを江戸に招き、外交と貿易の責任者として、オランダ、イギリスとの貿易を推進しました。**その後1609年にはオランダ、1613年にはイギリスが平戸商館開設を許され、日本と両国間でそれぞれ自由な貿易が行なわれました。

スペイン人、ポルトガル人を南蛮人と呼んだのに対して、オランダ人、イギリス人のことは紅毛人といいました。家康は、スペインとの間にも貿易関係を結び、スペイン領メキシコに田中勝介を派遣しました。

ポルトガル商人は、中国産の生糸を長崎に持ち込むことで大きな利益をあげていましたが、幕府は利益独占に歯止めをかけるため、糸割符仲間と称する制度をつくりました。商人のなかには海外に進出する者も多く、海賊船との区別をするために将軍の朱印を押印した渡航許可状（朱印状）を携帯しました。また絶えて久しかった、朝鮮との国交も回復されますが、**貿易によって西国の大名が潤うことを恐れた幕府は、自由な交流を制限し、やがて鎖国政策をとります。**

鎖国政策

幕府の鎖国までの流れ

オランダ船、豊後（大分県）に来航――1600年

オランダ人　ヤン=ヨーステン

イギリス人　ウィリアム=アダムスを外交·貿易の責任者として貿易を推進する

オランダ平戸商館開設――1609年

イギリス平戸商館開設――1613年

欧州船の来航を平戸·長崎に制限 ――1616年

スペイン船の来航を禁止する――1624年

外国船の入港を長崎に限り、日本人の渡航·帰国を禁止する――1635年

ポルトガル商人

中国産生糸 → 長崎に持ち込み大きな利益

↓

政府は利益独占に歯止めをかけようと糸割符制度

海賊船との区別渡航許可状（朱印状）

Check! **ウィリアム=アダムス**（1564～1620年）

●家康の政治顧問となった三浦按針！

日本に最初に渡来したイギリスの航海士アダムスは、若くして造船所に入り、太平洋を横断中に難破して豊後に漂着する。家康の政治顧問となって相模国三浦郡に館を与えられたことから、パイロットを意味する按針·三浦按針と名乗った。平戸商館設立に尽力しますが、晩年は不遇のうちに病没した。

第3章
近世

禁教と長崎貿易

【植民地化を恐れて鎖国政策をとる】

46 min までおさらい完了

幕府が鎖国政策をとった第一の理由は、キリスト教を禁止するためでした。それまで幕府は信仰を容認していたのですが、当時スペインとポルトガルが、アジアに対して植民地政策を展開していることを耳にすると、禁教令をだし（1612年）キリスト教信者らを改宗させました。

キリスト教の禁止にともなって、海外貿易も制限し、キリスト教信者に対しては厳しく迫害を行ないました。これによって多くの者は改宗しましたが、殉教《じゅんきょう》する者も少なくありませんでした。

1637年には、島原領主による苛酷な年貢の取り立てなどのキリスト教弾圧に対して、反抗した農民らが天草四郎時貞《ときさだ》を首領に、島原半島の原城にたてこもりました。約半年にわたって幕府軍と戦ったこの一揆（島原の乱）は、九州の諸大名らの力を結集して鎮圧されます。

キリスト教徒による一揆を恐れた幕府は、1639年にはポルトガル船の来航を禁止し、平戸のオランダ商館は出島に移されました。**こうして鎖国状態になると、以後貿易港は長崎港のみとなり、朝鮮・中国・オランダだけに来航が許されることとなりました。**オランダは、ヨーロッパ諸国のなかでキリスト教の国外布教には力を入れていないプロテスタントの国だったのです。

キリスト教の禁止と鎖国

鎖国を禁止した幕府の理由

○外国貿易によって経済的に富裕となる大名の存在を恐れたから

○キリスト教の禁止

→**第1の理由**　当時のスペイン･ポルトガルがアジアに対して植民地政策を展開中

家康―キリスト教禁止令　1612年

貿易の制限とキリスト教信者に対する迫害 → 改宗を迫る

島原の乱（島原天草一揆）1637年

一揆をおこした者のなかにキリスト教信者が多くいた

▽

ポルトガル船の来航禁止　1639年

貿易港は長崎港のみとなり、以後、貿易は朝鮮･中国･オランダだけとなった（約200年続く鎖国）

Check!

天草四郎（1621～38年）

●洗礼名ジェロニモ、通称は天草四郎！

本名を益田時貞という通称天草四郎は、キリシタン大名で有名な小西行長の旧臣、益田甚兵衛の息子。苛酷な年貢の取り立てとキリスト教弾圧に対し一揆をおこし島原半島にたてこもるが、半年で力尽きる。農民らの首領となった当時、当時弱冠16歳の少年であったことから悲劇の殉教者として語り継がれた。

第3章
近世

農業・産業の発達

【名産品や特産品などの生産】

47
min
までおさらい完了

幕府が新田開発をすすめると、治水や灌漑施設の整備が済んで新しい耕地がふえて、農業の生産性が向上します。17世紀末からは、各都市の有力商人が資本を投下して土地開発を行なう町人請負新田などもみられるようになり、農業技術の向上や肥料の改良もすすみました。

農民の暮らしは楽ではありませんでしたが、大飢饉（1641〜42年）のあと、農業政策は大きく変化し農民は桑・麻・綿・野菜・たばこなどの商品作物をつくり、販売し貨幣にかえることで、年貢を現金でおさめるようになりました。**米以外の作物は、それぞれの土地に適したものが作られるようになり、名産品や特産品となっていきます。**

代表的な特産品としては、駿河の茶・備後の藺草《いぐさ》・薩摩の黒砂糖・甲斐のぶどう・紀伊のみかんなどがあります。この時代には、農業知識や栽培技術について記された農書も著され、宮崎安貞の『農業全書』などがよく読まれました。

農業以外の産業もいちじるしく発達し、漁業は網漁と漁場の開発などによって、各地で重要な産業となりました。そのほかにも、林業や鉱山業などの諸産業も大きく発展したのです。

農業や産業の発達

新田の開発が積極的に進む
排水·灌漑施設の整備 ―――――― 耕地がふえる

有力商人による資本投下
(町人請負新田)

農作業の効率化がすすむ

農業生産性の向上

(大飢餓のあと農業政策転換)
桑·麻·綿·野菜·
たばこなど商品作物
の生産

主な名産品·特産品

織物

絹…西陣織·桐生織·伊勢崎織·上田紬《つむぎ》·丹後縮緬《ちりめん》
木綿…小倉織·久留米絣《かすり》·有松絞《しぼり》·尾張木綿·河内木綿
麻…奈良晒·越後縮·近江麻·薩摩上布　など

陶磁器

有田焼(伊万里焼)·京焼(清水焼)·九谷焼·瀬戸焼

漆器

南部塗·会津塗·輪島塗·春慶塗　など

製紙

日用紙…美濃·土佐·駿河·石見·伊予
高級紙…越前鳥の子紙·美濃紙　など

醸造

酒…伏見·灘·伊丹·池田
醤油…野田·銚子·京都·竜野

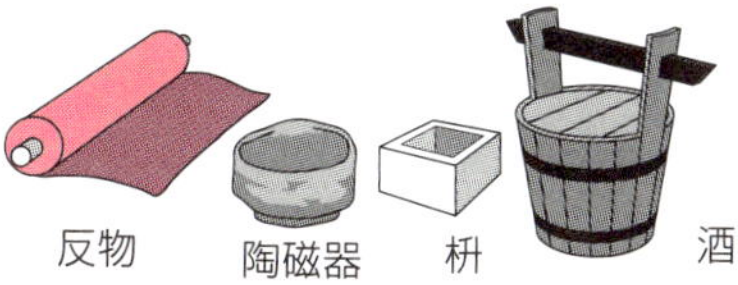

交通網と街道の整備

【五街道が整備され宿場町がさかえた】

48
min
までおさらい完了

各地で特産品が生産されると、商品流通が進展し、交通網が整備されるようになります。全国の物資が集まる江戸と大坂では、水上交通が充実し、江戸・大坂間は菱垣廻船《ひがきかいせん》・樽廻船《たるかいせん》が定期的に運航されていましたが、17世紀後半になると河村瑞賢《かわむらずいけん》が、出羽と大坂・東京をむすぶ西廻り（北国廻り）海運と陸奥と江戸をむすぶ東廻り海運を整備することで、海上交通網は全国的となりました。

陸上交通としては、４代将軍家綱のときに五街道が整備されました。五街道とは、江戸から京都までの太平洋沿いを行く東海道、江戸から同じく京都までを内陸部の山に沿って行く中山道、江戸から甲府までの甲州街道、江戸から白河（福島県）をむすぶ奥州街道、そして家康のまつられている東照宮へつながる日光街道のことをいいます。

街道には宿場がつくられ、宿場町としてさかえました。宿場には大名が利用する本陣・脇本陣と呼ばれるものや、一般旅行者用の旅籠屋《はたごや》があり、茶店・商店が旅人の休暇地として軒を連ねていました。五街道以外には脇街道と呼ばれる幹線道路が全国を網羅していたのです。

交通網の整備

商品流通の進展 ⟶ 交通網の整備
江戸·大坂…水上交通の充実
陸上交通…五街道の整備

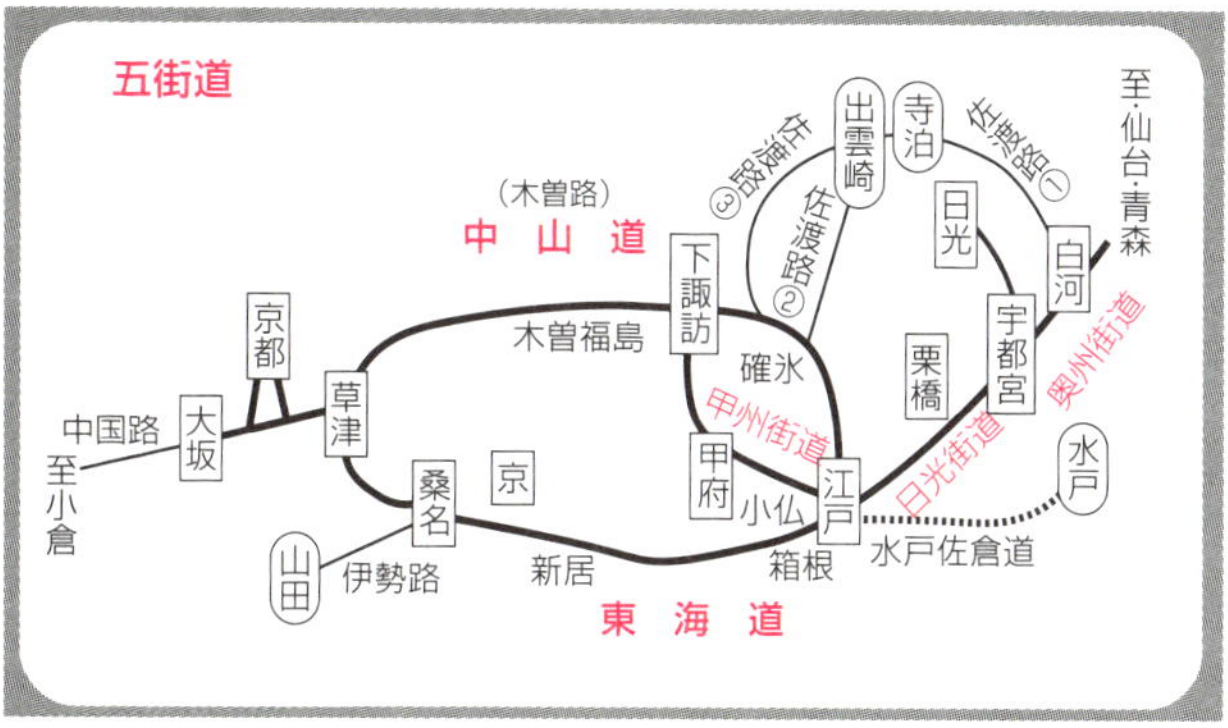

街道には宿場—宿場町
　本陣·脇本陣…大名
　旅籠屋…一般旅行者

※茶店·商店が旅人の休憩地となっていた

Check! **河村瑞賢**(1618~99年)

●"天下の台所"と呼ばれた大坂に貢献!

伊勢(三重県)の貧しい家に生まれた瑞賢は、江戸の親戚に預けられ材木商となる。明暦の大火(1657年)では木曽福島の木材を買い込み、巨利を得て富豪となった。西廻り海運と東廻り海運の整備に尽力した結果、大坂は"天下の台所"と呼ばれて日本の経済の中心となったのだった。

商業・貨幣・金融

【商人から豪商になる者もいた】

49 min
までおさらい完了

この時代、商業の中心となったのは、問屋商人でした。問屋商人は、仲間という組合をつくり江戸や大坂で利益を独占しようとしたので、幕府はこれを禁止したのですが、18世紀になると運上《うんじょう》・冥加《みょうが》などの税金負担を条件に、営業の独占を許すようになりました。これを株仲間と呼び、江戸では十組《とくみ》問屋、大坂では二十四組《にじゅうしくみ》問屋などがありました。

商人の取り引きには、江戸幕府が発行した貨幣が使用されていました。貨幣は金座・銀座・銭座でそれぞれ金貨・銀貨・銭貨が鋳造され、17世紀中頃にはこれら三貨が全国的に普及して商品流通に大いに貢献することになります。**しかし貨幣の単位は統一されておらず、交換比率も変動したため、あまり便利といえるものではなかったようです。**

東日本では金を中心とした表記貨幣が取り引きに使われていたのですが、西日本では重さを計量して用いる銀が中心となっていたために、取り引きのたびに秤《はかり》ではかる手間がかかりました。そのために貨幣の交換をする両替商が城下にあらわれ、流通を掌握して富を形成するものもでてきました。有力な両替商は、両替だけではなく為替《かわせ》や貸付《かしつけ》の業務も行なったのです。

商業の発達

問屋商人——商業の中心

▼

「仲間」という組合をつくり、江戸・大坂で利益独占

運上・冥加——などの税金を負担

▼

株仲間——十組問屋（江戸）・二十四組問屋（大坂）

商人の取り引きには貨幣が使用されていた

金貨　**銀貨**　**銭貨**——全国的に普及

▼ 東日本中心　▼ 西日本中心——両替商 { 為替 / 貸付

稀少性の高い商品を売買する旧来の商法

▼ 経済的行き詰まり

大量の商品を薄利多売することで成功
（越後屋）

Check!
三井高利（1622〜94年）

●大衆顧客層の需要に応えた店前売！

江戸中期に豪商となった三井高利は、伊勢国・松阪の生まれで、江戸の三井に奉公し、商業の基本を身につけた。27歳で松阪へ帰り、金融業・米商を営むが、50歳の頃に再び江戸日本橋に呉服店を開業する。店前売（たなさきうり）薄利多売の正札販売で、町人ら大衆顧客層の開拓をはかり、大成功を収めた。

第3章
近世

元禄文化

50 min
までおさらい完了

17世紀末頃は、**江戸幕府が経済的に大いに発展した時期でした。**

この元禄時代の人々は、明るく屈託のない生活を謳歌する傾向が強く、文化のにない手となったのが下級武士や町人などであったことから、多彩な内容の文化となったところが特徴となっています。また**鎖国政策の影響から、日本独自の文化が奔放に表現されたのです。**

文学の世界では、上方の商人や庶民を題材にした恋愛物語などが好まれるようになり、井原《いはら》西鶴《さいかく》は好色物といわれる『好色一代男』、金銭にからむ町人の悲喜劇を描いた『日本永代蔵』や『世間胸算用』などを著し、庶民の人気を集めました。西鶴は大坂の町人から作家に転身し、浮世草子と呼ばれた小説の世界で、身近な庶民の姿を描き新しい文学を生みだしたのです。

また、人形浄瑠璃や歌舞伎の脚本を書いた近松門左衛門の作品としては、『曽根崎心中』『心中天網島』など当時実際におこった事件を脚色した世話物や時代物といわれる『国姓爺合戦《こくせんやかっせん》』などが注目を集めました。

俳諧で有名な松尾芭蕉《まつおばしょう》は、諸国をめぐりさまざまな俳句を詠み、蕉風《しょうふう》（正風）俳諧を確立しました。とくに北陸方面を旅した紀行文『奥の細道』はよく知られています。

人形浄瑠璃とともに発達した歌舞伎は、庶民の娯楽として人気を博し、初代市川團十郎・坂田藤十郎・芳沢あやめ（女形）といった俳優が生まれ、**現在にまでその名を継承している者もいます。**

美術の分野では、絵画の狩野派のほかに土佐光起が朝廷の絵師として、大和絵に筆をふるい、土佐派から分かれた住吉派と呼ばれる住吉如慶《じょけい》・具慶《ぐけい》父子は、幕府の御用絵師としてそれぞれ活躍しました。

京都の俵屋宗達の技法を受け継いで琳派《りんぱ》と呼ばれた尾形光琳《こうりん》は、紅白梅図屏風などすぐれた作品を残しています。

身近な風俗を描いた浮世絵があらわれたのもこの時代で、菱川師宣《もろのぶ》が役者や美人などを題材にした風俗画を生み庶民に喜ばれました。

近松門左衛門作『国性爺合戦』はのちに歌舞伎化もされた

【儒教の教えを基本にした政治を行なう】
4代将軍家綱の文治政治

3代将軍家光の跡を継いだのは家光の長男、11歳の家綱でした。家光の時代は将軍の命に従わない大名、あるいは武家諸法度にそむいた大名に対しては断絶・改易《かいえき》・転封《てんぽう》などの厳しい処分を課したため、**主人をもたない浪人が多数発生し、社会不安が引き起こされました。**折しも、兵学者の由井正雪《ゆいしょうせつ》が浪人を率いて幕府転覆を企てるという事件も起きていました。

幕府は、子どものいない当主の死によって浪人が発生することを恐れ、それまで当主が死の直前に養子縁組をすることを禁じていた末期養子《まつごようし》を緩和し、また浪人の採用も奨励しました。

1663年、家綱は殉死の禁止を命じました。将軍家光や伊達政宗が没すると殉死者が続出し、殉死者の殉死者を出すことまであったことから、これを無益なこととしたのです。そして主人の死後は、新しい跡継ぎの主人に奉公することを義務づけました。

翌年、家綱は領地宛行状《りょうちあてがいじょう》をすべての大名に発給し、将軍権力を確立させ幕府のさらなる安定をはかりました。**家光までの政治が、武力で大名を支配したのに対し、家綱は儒教の教えを基本にした文治政治へと方針を変えたのです。**

51 min までおさらい完了

武断政治から文治政治へ

武断政治

（武力で大名を支配）

初代 **家康** → 2代 **秀忠** → 3代 **家光**

―― 幕藩体制の揺籃期 ――

武断政治を行なった家光が死去すると、幕府に対する批判の動きがあらわれる

断絶･改易･転封処分で浪人が多数発生

▼

由井正雪はこれらの浪人を率いて反乱

由井正雪の乱（1651年）

※以降それまで死の直前の養子縁組を禁じていた末期養子を緩和し、各藩に浪人を採用することを奨励した

文治政治

（儒教の教えを基本とする）

4代 **家綱** → 5代 **綱吉** → 6代 **家宣** → 7代 **家継**

―― 幕藩体制は安定へ ――

この時代の出来事

▼1651年
3代将軍家光死去
由井正雪の乱
末期養子の禁を緩和

▼1657年
明暦の大火

▼1663年
殉死の禁止

▼1680年
家綱死去

第3章
近世

生類憐みの令と正徳の治

【動物愛護の精神が行きすぎて愚政に】

52 min
までおさらい完了

40歳で亡くなった家綱には子どもがなかったので、5代将軍には家光の四男綱吉が即位します。綱吉は大老を退け側用人という役職を設け、学問を奨励し湯島聖堂を建て、林信篤《のぶあつ》を大学頭《だいがくのかみ》に任じるなど、**儒学に裏づけられた政治を行ないました。**

有名な生類憐みの令は、小動物の殺生や虐待を禁止し、綱吉の干支が戌《いぬ》年であったため特に犬を大事にしたことで有名です。動物愛護の精神を広める目的で始められたのですが、あまりに行きすぎて本末転倒してしまったとされています。

犬公方と呼ばれた綱吉は、犬を大切にして子どもを授かろうとしたのですが、結局子どもには恵まれず、6代将軍には家光の孫（綱吉の兄の子）家宣《いえのぶ》がつきます。**家宣は綱吉の側用人柳沢吉保を廃し、かわりに間部詮房《まなべあきふさ》と新井白石《あらいはくせき》を登用して政治を刷新しました。**

綱吉の時代におこった明暦の大火による城下の再建費用や寺社造営費による財政難の解消を、勘定奉行の荻原重秀《おぎわらしげひで》は貨幣を改悪して乗り切ろうとしたのですが、インフレを招き失敗しました。家宣政権では貨幣価値を元に戻して、経済の立て直しをはかります。

5代将軍綱吉、6代将軍家宣

生類憐みの令で綱吉が禁止したこと

魚介類を調理すること
食用の鶏や魚を飼育すること
動物を見世物にすること

綱吉
(犬公方と呼ばれる)

家宣の財政再建策

生類憐みの令を廃止し、財政再建を図る。勘定奉行の荻原重秀は、貨幣改悪をして財政難を乗り切ろうとしたが、インフレがおこってしまった

Check! **新井白石**(1657~1725年)

●正徳の治—財政問題への取り組み!

苦労して学問を修め、家宣を補佐した。荻原重秀の悪貨改鋳策を改め、貨幣流通の建て直しにつとめる一方、海外へ流出する金銀を制限するために正徳新令を出して長崎貿易を制限した。6代将軍家宣が没したあと7代将軍家継にも仕えるが、家継がわずか3歳で急死すると以後は学問中心の生活をおくったといわれる。

第3章 近世

吉宗の幕政改革　享保の改革

【財政再建に積極的に取り組む】

53 min までおさらい完了

7代将軍家継が早世すると、徳川本家に跡を継ぐ者はなく、御三家のひとつである紀伊藩主の吉宗が将軍の座につきます。吉宗は家康の時代を理想とする、**復古政治を掲げ改革に取り組みますが、この改革を享保の改革と呼びます。**

改革の中心となったのは幕府財政を再建することで、さまざまな政策を打ち出しました。参勤交代のかわりに米を納めさせる上げ米は一定の効果をあげましたが、農作物の豊作凶作に関係なく年貢を一定にする定免法は、農民にとって増徴収でしかなく、負担が増えるだけでした。

司法制度では、商業の発達によって引き起こされる金銭問題の増加を、幕府ではなく当事者間で解決させようと、相対済令《あいたいすましれい》を出しましたが反発が大きく、長くは続きませんでした。

綱吉の治世から続いていた側近政治によって譜代大名らが不満をつのらせていたことから、譜代大名による老中や若年寄を重用し、旗本からは大岡忠相《ただすけ》など有能な人材を登用する足高《たしだか》の制をつくり、人材登用にも積極的でした。**吉宗は率先して改革をすすめ、贅沢を禁止する倹約令、民意を反映させる目安箱の設置などは高く評価され、のちに中興の祖と称されました。**

享保の改革

8代将軍吉宗は家康の時代を理想として
復古政治を行なう——享保の改革

享保の改革の内容

- 年貢米増徴策
  定免法·上げ米
- 支出削減
  贅沢を禁止する倹約令
- 人材登用
  足高の制
- 金銭問題処理
  相対済し令
- 民意の反映
  目安箱の設置

吉宗

自ら率先して改革をすすめ、
のちに江戸幕府 **中興の祖**
と称されることになる

この時代の出来事

▼1716年
家継死去
▼1719年
相対済し令発布
▼1721年
定免法の制定。目安箱設置
▼1722年
上げ米を定める
▼1723年
足高の制を定める
▼1724年
倹約令
▼1732年
享保の飢饉

老中松平定信 寛政の改革

【厳しい改革は庶民からの反発を買う】

将軍吉宗の跡を継いだ吉宗の長男家重《いえしげ》が9代、その息子家治《いえはる》が10代将軍となると、**田沼意次《おきつぐ》が老中となって政治の実権を握りました。**

この時期、幕府の財政は年貢の徴収に頼るだけではなく、商人らからの運上や冥加を重視し、金を中心として貨幣制度を一本化しました。しかし商人と幕府との間では、冥加金を納めた者を優遇するなど賄賂《わいろ》が横行するようになり、不満が大きくなります。若年寄となっていた意次の子田沼意知《おきとも》が江戸城内で暗殺されると（1784年）父子への批判が噴出し、2年後に家治の死とともに老中を罷免され、政策はすべて中止されることとなったのです。

11代将軍に家斉《いえなり》がつくと8代将軍吉宗の孫にあたる松平定信を老中につけ、寛政の改革を始めます。定信は、農業重視の政策をとり、農村を復興させるために出稼ぎを禁止し、農業人口をふやそうとしました。

また、たび重なる飢饉に備え、各地に社倉《しゃそう》・義倉《ぎそう》をつくり囲米《かこいまい》を実施し米の備蓄を行ないます。しかし**あまりに倹約を強化したことで庶民の反発を買い、定信は6年で退陣します。**

寛政の改革

9代将軍家重、10代将軍家治―老中田沼意次の時代

実権を握る

若年寄の息子
田沼意知が暗殺
されると勢力衰退

「米」による年貢徴収から
「貨幣経済」への移行

しかし賄賂が横行

11代将軍家斉は、松平定信を老中として
改革を行なった――**寛政の改革**

寛政の改革の内容

商業重視から農業重視へ

- 出稼ぎ、間引の禁止
  たび重なる飢饉対策
- 囲米の実施
  （各地に社倉・義倉）

贅沢の禁止

- 朱子学を正学として
  民間の風俗や出版の
  統制
- 倹約を強化

松平定信
政策は民衆からの反発が
大きく6年で退陣

第3章
近世

世界情勢の変化と異国船打払令

【植民地政策の一環で欧米諸国が来航】

家斉の子・家慶《いえよし》の代の頃から、日本の周辺には、ロシア船が何度も来航するようになります。

欧米諸国はその頃大きな変化を遂げている時期で、イギリスでは17世紀に市民革命、18世紀には産業革命がおこり、フランスでも革命が始まるなど、**対外的には植民地政策の一環で東アジアへも欧米諸国の勢力が及んできていたのです。**

そのなかで日本との通商関係を最初に求めてきたのがロシアでした。１７９２年、ロシア特使ラクスマンはロシアに漂着した大黒屋光太夫《だいこくやこうだゆう》を根室へ送って、通商を求めたのですが、幕府はこれを拒絶します。１８０４年にレザノフが長崎へ来航し、通商を求めたときも、これを拒否しました。

19世紀に入るとイギリスやアメリカからも船がやってくるようになったため、幕府は異国船打払令を出します。打払令によってモリソン号を砲撃しますが、実はこのときモリソン号は日本の漂流民7名を保護し送還しようとしていたのです。この事件を知った高野長英《ちょうえい》や渡辺崋山《かざん》が、来航目的も聞かず砲撃した幕府を批判すると、幕府はこの二人を処罰します（蛮社の獄）。

しかし間もなく、**幕府は異国船打払令を緩和せざるをえなくなる時代がやってくるのです。**

55
min
までおさらい完了

世界情勢の変化

日本周辺の海域に、ロシア船が来航するようになる
——通商関係を最初に求める

欧米諸国でも変化の時代
イギリス—市民革命·産業革命
フランス—フランス革命
▶ 植民地政策

ロシア特使ラクスマンが、大黒屋光太夫を送還し通商を求めますが、幕府はこれを拒否—1792年
レザノフが長崎へ来航し、通商を求めるが、これも拒否—1804年

ロシア船による樺太·択捉攻撃

イギリス·アメリカからも来航—異国船打払令(1825年)
モリソン号砲撃事件(1837年)
モリソン号は日本の漂流民を保護し、送還しに来ていた

▼

これを批判した高野長英·渡辺崋山
蛮社の獄—二人を処罰(1839年)

Check! **大黒屋光太夫**(1751~1828年)

●エカテリーナ女王に謁見した船頭！

白子浦から紀州藩米を積んだ神昌丸は江戸へ向かう途中、台風に遭い翌年アリューシャン列島へ漂着する。島には4年間滞在してその後、エカテリーナ2世にも謁見した光太夫は、ラクスマンにともなわれて日本に帰る。江戸では将軍家斉·松平定信の取り調べを受けたのち番町に居住させられた。

第3章
近世

【引き続き財政再建に取り組む】

大塩の乱、天保の改革

56 min
までおさらい完了

将軍職を譲り大御所となっていた家斉は、海外情勢を把握することもなく、贅沢三昧の日々を送っていました。**財政に行き詰まった幕府は、貨幣改鋳を行なって貨幣の質を下げますが、都市部での経済活動の活発化に伴い、農村では貨幣経済の浸透によって、荒廃を招きます。**

1830年代になると、収穫が半減するほどの凶作が続き、天保の飢饉のために農村や都市で多くの餓死者が続出しました。大坂でも米は不足していましたが、幕府はその現実を知っていながら手を尽くすこともせず、大坂の米を江戸へ大量に廻送していたのです。

これに怒った大坂町奉行所の元与力・大塩平八郎は、窮民救済のために豪商を襲う武装蜂起を企てたのですが、未遂に終わります。しかし**元役人の反乱は、幕府に衝撃を与えました。**

やがて家斉が亡くなると、老中水野忠邦が中心となって、天保の改革を行ないます。倹約令をだして風俗を取り締まる一方で、物価高が株仲間の価格統制によるものだとして株仲間を解散させますが、効果はありませんでした。また江戸・大坂の周囲約50万石の地を幕府の直轄地にしようとする上知令《じょうちれい》を発布するも、諸大名の強い反対にあい、失脚の原因となりました。

天保の改革

11代将軍家斉は、大御所となって50年もの間政治の実権を握る

――華美な生活をおくり、財政は悪化

各地で凶作が続いたが、天保の大飢饉が起こると百姓一揆や打ちこわしが多発する

大坂でも米不足――幕府は江戸へ米を廻送

これに怒った大坂町奉行所、元与力

大塩平八郎は、反乱をおこす―1837年

(大塩平八郎の乱)

半日で幕府に制圧されるが、全国各地に大きな影響を与えた

家斉が亡くなると、老中**水野忠邦**が中心となり

天保の改革を行なう

享保・寛政の改革にならい

- **厳しい倹約令**
- **株仲間の解散**
- **上知令**　を行ないます

こうした改革は、現実社会に反する

厳しさのため、庶民・諸大名から

強い反発がおこる

改革は2年で失敗

幕府崩壊へとすすむことになる

水野忠邦

第3章 近世

雄藩の台頭

【時代の流れに対応して藩政改革を行なう】

57min までおさらい完了

幕府が財政改革で苦しんでいたように、年貢の徴収で財政を支えている諸藩もまた同じ状況下にありました。凶作や飢饉の影響で、農村は人口減と離農で田畑が荒廃していました。

一方では問屋制家内工業が発達し、農業をやめて奉公人となった人々を集めて、工場制手工業がおこり、賃金労働が行なわれていたので、貨幣経済の浸透を止めることはできませんでした。

こうした経済構造の社会的変化は、幕府や諸藩にとっては危機的状況ともいえるものでした。荒廃した田畑の回復をはかり、農村を復興させようと努力をした二宮金次郎などもあらわれましたが、封建的な方法での再建には限度がありました。これに対して、時代の流れに積極的に対応し、商品生産や手工業に取り組んだのが、藩営専売制や藩営工場の設立でした。

諸藩でも藩権力の強化をすすめるための藩政改革が、幕府と同様に行なわれました。

薩摩（鹿児島）藩では調所広郷《ずしょひろさと》が財政改革に取り組み、藩財政を建て直しました。長州（萩）藩でも村田清風《せいふう》が借金を整理し、財政再建に尽力。**社会の変化をとらえ危機を乗り切ることに成功した藩は、やがて雄藩として幕末に強い発言権をもつようになります。**

雄藩の台頭

凶作や飢饉が続き、この時期の農村は荒廃
年貢の徴収で財政を支えている藩も幕府同様財政難

幕府や藩にとっては危機的状況

現状を打開するため商品生産や手工業の振興に取り組む各藩の財政改革の一例

薩摩藩

調所広郷	500万両の借金→無利息250年返済、琉球王国との密貿易で財源確保

長州藩

村田清風	140万両の借金→37年返済 紙・蝋の専売制で財源確保 洋式武器で軍事力強化

Check! **二宮尊徳**（1787〜1856年）

●独学で農業知識を得て農村復興に尽力！

貧農の長男として生まれるが、荒地を開拓して田畑の回復をはかって地主となる。合理的な農業生産を独学で学び、『論語』・『大学』・『中庸』などで独自の思想を体系化した。また、豊富な農業知識で、関東各地の荒廃した田畑の回復に尽力した。小学校の校庭に設置された二宮金次郎像は有名。ちなみに金次郎は通称である。

儒学の普及と思想の多様化

【学問の広がりと、批判される封建制】

8代将軍吉宗は、儒学による武士や庶民の教育を推奨したために、儒学が広く一般にも普及しました。18世紀後半になると、古学派に加え、諸学を折衷して解釈を深める折衷学派、また客観的に実証を重視する考証学派といった学派がおこりました。幕府は寛政の改革では官立の昌平坂学問所を設置し、朱子学を学ぶ機関としたのでした。

諸藩でも藩学を設立し、藩士子弟の教育にあたりましたが、そこでは朱子学のみではなく、**洋学や国学といった幅広い学問の必要性が認識されていました。**

また庶民の間にも寺子屋《てらこや》が普及し、日常生活に必要な読み・書き・そろばん・儒教道徳などが教えられました。

幕藩体制の危機的状況と社会の変化のなかで、荻生徂徠《おぎゅうそらい》・太宰春台《だざいしゅんだい》らの儒学者は、封建制の維持に努めたのですが、18世紀の半ばを過ぎると封建社会を批判する学者もあらわれます。『自然真営道《しぜんしんえいどう》』を著した安藤昌益は、封建制や身分社会を強く否定しました。

この頃、**尊王論も主張され、幕府と衝突する学者もあらわれました。**

儒学による教育

儒学による教育
儒学が一般にも普及
- 政府は昌平坂学問所を設置し朱子学を学ぶ機関とした
- 諸藩でも藩学を設立し、藩士子弟の教育にあたった

各地に設立された藩学

福岡	萩	熊本	鹿児島	会津	水戸
修猷館	明倫館	時習館	造士館	日新館	弘道館

幕藩体制の危機的状況

安藤昌益 —批判→ 封建制の維持
•武士の農民搾取
•身分社会

庶民の間には寺子屋が普及し、日常生活に必要な読み・書き・そろばん・儒教道徳などを学んだ

この時代の出来事

- 1719年 萩に明倫館
- 1755年 熊本に時習館
- 1773年 鹿児島に造士館
- 1799年 会津に日新館
- 1841年 水戸に弘道館

近世を代表する人物

徳川吉宗

徳川8代将軍吉宗は、徳川御三家（尾張・紀伊・水戸の3藩）の紀伊から選ばれた将軍でした。紀伊藩主の四男として生まれるのですが、兄たちが若くして亡くなったことから四男の吉宗が藩主となったのは、22歳のときです。

四男でそのうえ母親は農民の娘だったことから、本来なら将軍どころか藩主にもなれないところですが、当時は父親の血筋を重視したので、母親の身分はあまり問題にはなりませんでした。

吉宗は、後に「中興の祖」と呼ばれたように、徳川幕府に貢献する善政を行ないましたが、幕府の経費削減では大奥の女性をリストラしたことでも有名です。

また吉宗といえば、テレビドラマ『暴れん坊将軍』を思い浮かべる方もいることでしょう。吉宗がテレビドラマや映画の世界で幾度となく取りあげられるのは、質実剛健な将軍の姿が、人々の信頼を得ていたことをあらわすひとつの証といってもよいのではないでしょうか。

第4章
近現代

近現代

Sakamoto Ryoma

Saigo Takamori

江戸幕府が安定した政治を長期にわたって行なうことができた理由のひとつに、鎖国政策がありました。外国船の入港を長崎に限って、日本人の海外渡航と帰国を禁じたのは、大名が貿易を行なうことで資力を蓄えることを恐れてのことでした。

しかし欧米の情勢の変化は、日本に今まで通り鎖国を続けさせておく状況にはありませんでした。薩摩、長州、土佐の若い志士たちは、体を張って体制の変革に奔走し成功をおさめました。

新政府の運営も薩摩、長州、土佐、肥前といった諸藩の出身者らによってすすめられるのですが針路は確定的なものではありませんでした。一部の者は国会の開設を求めて自由民権運動へ、また政府内での意見の相違によって武装蜂起を起こす者もいましたが、こうした動きは明治新政府のもつ矛盾の表面化でもあったのです。

明治新政府は欧米列強を目標に、富国強兵策に力を入れますが、同時に近代産業を充実させることにも尽力しました。外交

おもな日本の出来事

1850

1853	ペリー、浦賀に来航
1854	日米和親条約調印
1858	日米修好通商条約調印
	安政の大獄
1860	桜田門外の変
1863	薩英戦争
1864	禁門の変
	四国連合艦隊による下関砲撃
	第一次長州征討
1866	薩長同盟成立
1867	大政奉還
	王政復古の大号令公布
1868	明治に改元
	戊辰戦争
1869	版籍奉還
1871	新貨条例公布
	廃藩置県
	岩倉使節団出発
1872	学制公布
	新橋―横浜間鉄道開通
	富岡製糸場開業
1873	徴兵令公布
	地租改正条例公布
	征韓論争で西郷隆盛ら下野
1874	民撰議院設立の建白
	台湾出兵
1875	樺太・千島交換条約調印
	江華島事件
1877	西南戦争
1881	自由党結成
1882	日本銀行開業
1885	内閣制度成立
1889	大日本帝国憲法発布

Konoe Humimaro

Ito Hirobumi

面での大きな課題となったのが、幕末に締結された不平等条約を改正することでした。明治の初年から取り組んだ条約改正は、20世紀の初頭になってようやく実現するのですが、そこへ至るまでには、日清・日露の大戦を経験しなければなりませんでした。

両大戦に勝利したものの、財政的に苦しい状態にあった日本は、それ以上戦争を続けることができないために、アメリカを仲介役に立てて戦争を中止したのです。日本国民は日露戦争に勝利したのに、賠償金の支払いがないことを知ると不満が爆発し、日比谷焼き打ち事件がおこります。

この事件のあらわすものは、国民の政治に対する関心の高まりと政府の隠蔽体質でした。国民の政治に対する関心は、政党政治から普通選挙の実現へと発展していきます。一方で軍部は大陸への進出をすすめ、朝鮮、満州へと勢力を拡大していく方向へ向かいます。気づけば日本は、引き返せないところまで来ていたのでした。

1890 第一回衆議院総選挙
第一回帝国議会
1894 日清戦争はじまる
1895 下関条約調印
露・独・仏三国干渉
1898 隈板内閣成立

1900

1902 日英同盟調印
1904 日露戦争はじまる
1905 ポーツマス条約調印
1906 鉄道国有法成立
1910 大逆事件
韓国併合
1912 明治天皇死去
1914 対独宣戦布告
第一次世界大戦参戦
1915 対華二十一カ条の要求提出
1918 シベリア出兵
1923 関東大震災
1925 治安維持法制定
普通選挙法制定
1927 金融恐慌
1928 関東軍張作霖を爆殺
1930 金輸出解禁
1931 満州事変
1933 国際連盟脱退
1937 日中戦争はじまる
1938 国家総動員法制定
1940 日独伊三国同盟調印
1941 太平洋戦争はじまる
1945 広島・長崎に原爆投下
ポツダム宣言受諾
1946 日本国憲法公布
1948 東京裁判判決

1950

1951 対日講話・条約調印

第**4**章
近現代

【井伊直弼の独断で結ばれた不平等条約】

開国・開港そして安政の大獄

59
min
までおさらい完了

19世紀にイギリスやアメリカからやってくる船を異国船打払令で拒絶していた幕府も、**清国がイギリスに屈して開国すると、打払令を緩和して薪水給《しんすいきゅう》与令《よれい》をだすようになります。**

1853年、アメリカのペリーは軍艦4隻で浦賀に来航すると、開国を強く求めたのですが幕府は翌年まで返事を引き延ばします。翌年再度来航したペリーが、条約の締結を強く迫ったため幕府は、やむなく日米和親条約を締結することになり、事実上215年間続いた鎖国は終わりとなるのでした。続いてイギリス、ロシア、オランダとも同様の条約を結びます。

和親条約の内容が燃料や食料の補給に限られていたことから、1858年にはアメリカのハリスが貿易の開始を要求してきます。時の大老井《い》伊《い》直弼《なおすけ》が、条約調印の勅許《ちょっきょ》を得ずに日米修好通商《しゅうこうつうしょう》条約を締結すると、開国に反対している大名や学者から強い批判がおこるのですが、直弼はこれを弾圧します（安政の大獄）。

日米修交通商条約後は、神奈川・長崎・新潟・兵庫を開港しますが、それぞれに設けられた居留地での領事裁判権を認め、さらに協定関税も認めるという不平等な条約だったのです。

不平等条約締結

清国がイギリスに屈して開国をすると、日本でも打払令を緩和して、薪水給与令をだすことになる

アメリカのペリー浦賀に来航—1853年
(開国要求)
日米和親条約締結—1854年
(続いてイギリス、ロシア、オランダとも条約)

事実上鎖国政策の終了

大老井伊直弼は**日米修好通商条約**を締結し、
アメリカとの不平等条約実施—1858年

開国に反対する大名·学者らからの批判が起こる
弾圧
安政の大獄—1858年

不平等条約は、領事裁判権(在留外国人の裁判は本国の領事によって行なわれる)を認め、日本は輸入品に対する関税を独自に決める権利をもたなかった

Check!

井伊直弼(1815~60年)

●彦根藩主に30歳をすぎてから就任!

朝廷の許可を得ることなく通商条約に調印したため、強い批判を受けた井伊直弼。また、安政の大獄によって吉田松陰を死罪にしたことは、松下村塾で学ぶ者だけではなく多くの若者の反感を買ったのだった。結果桜田門外で暗殺される。彼は十四男として生まれたため、藩主にはなれないと思っていたという。

第4章 近現代

公武合体と尊王攘夷

【桜田門外の変、禁門の変】

幕府内では将軍家定の後継者問題をめぐって南紀派と一橋派が対立していました。南紀派は幕府を従来どおりに維持したいと考えて徳川慶福《よしとみ》を、一橋派は一橋慶喜《よしのぶ》を立てることで雄藩との協調体制を築こうとしたのですが、井伊直弼が大老についたことで、徳川慶福を後継者と決めてしまうのでした。こうした直弼の独裁的な政治手法は反発を招き、1860年、桜田門外の変で暗殺されてしまいました。これによって**幕府の力は一気に衰退に向かいます。**

桜田門外の変のあと老中安藤信正《のぶまさ》は、朝廷と幕府の協調によって政局を安定させようと、公武合体政策をすすめ、孝明天皇の妹和宮《かずのみや》を将軍家茂（慶福）の妻とすることに成功します。しかし強引な政略結婚は尊王攘夷論者らから非難され、安藤信正は水戸藩を脱藩した藩士らに襲われ、それがもとで失脚します（坂下門外の変）。

雄藩の一角、薩摩藩の島津久光は、公武合体政策をすすめますが、同じく雄藩の長州藩は尊王攘夷派の中心となり、京都で主導権を握ると下関で外国船を砲撃します。**攘夷を決行した長州藩は、薩摩・会津両藩によって禁門の変で鎮圧されました。**

60 min までおさらい完了

将軍継嗣問題

13代将軍の家定に子どもがいなかったため、後継者について南紀派と一橋派が対立していた

南紀派		一橋派
紀伊藩主 徳川慶福	対立	水戸藩 一橋慶喜
幕府を従来どおりにすすめたい		雄藩との協調体制を築きたい

井伊直弼が大老になると、南紀派の慶福(家茂)を14代将軍に決めてしまった

桜田門外の変で井伊が暗殺されると、
幕府の力は一気に衰退

徳川氏略系図　○印は将軍就任順位

家康①─**秀忠**②─**家光**③─**家綱**④─**綱吉**⑤─**家宣**⑥─**家継**⑦─**吉宗**⑧─**家重**⑨

家康─義直(尾張)
家康─頼宣(紀伊)
家康─頼房(水戸)

家重⑨─**家治**⑩─**家斉**⑪─**家慶**⑫─**家定**⑬─**家茂**⑭─**慶喜**⑮

老中安藤信正は、朝廷(公)と幕府(武)の協調を推進する

公武合体政策

孝明天皇の妹和宮と家茂の結婚

討幕運動と薩長同盟

【坂本龍馬の活躍により結ばれた同盟】

長州藩はイギリス・フランス・アメリカ・オランダの4国艦隊から下関での外国船砲撃に対する報復を受けると、攘夷が困難なことを思い知ります。同じ頃、薩摩藩も生麦事件に端を発する薩英戦争の経験から、**それまでの攘夷論から開国へと藩論を方向転換させるのでした。**

同時期に外国の軍事力を実感した長州と薩摩は、近代国家を創りあげるため、倒幕に向けて薩長同盟の密約を結びます。**対立していた両藩を仲介したのは、土佐藩出身の坂本龍馬と中岡慎太郎でした。**坂本龍馬は長州藩の桂小五郎（のちの木戸孝允）・高杉晋作とは盟友であり、薩摩藩の西郷隆盛とは勝海舟を通じて親交をもっていました。

幕府は1864年におきた禁門の変のあと、第一次長州征討を行ないましたが、その際に命じた領地の削減に応じなかったことなどを理由に、1865年に第二次長州征討を各藩に伝え出兵を命じます。しかしすでに薩長同盟を結んでいた薩摩藩は、幕府の命令に応じませんでした。

長州藩では、高杉晋作らが農民や町人を動員した奇兵隊を組織し、各地で幕府軍と戦闘を繰り広げていました。不利な戦いであった幕府は、将軍家茂の急死を理由に戦闘を中止します。

61 min までおさらい完了

薩長同盟

長州藩

尊王攘夷派

外国船砲撃による報復を受けると攘夷の困難なことを知った

対立

薩摩藩

公武合体派

生麦事件のあとの薩英戦争で攘夷から開国へと方針を転換するのだった

力を合わせる

討幕
軍事同盟の密約

坂本龍馬・中岡慎太郎
（両藩の和解工作に奔走）

坂本龍馬

中岡慎太郎

この時代の出来事

▼1861年
和宮、江戸へ

▼1862年
家茂と和宮婚儀行なう

▼1863年
家茂上洛

▼1864年
禁門（蛤御門）の変
幕府、長州征討（第一次）

▼1865年
幕府、第二次長州征討

▼1866年
薩長同盟
家茂急死、慶喜15代将軍に
孝明天皇急死

第4章
近現代

大政奉還と王政復古

【大政奉還に尽力した坂本龍馬】

62 min までおさらい完了

江戸幕府が揺らぐなか、15代将軍となった徳川慶喜《よしのぶ》は幕政再建に力を尽していましたが、**土佐藩主の山内容堂《ようどう》から政権を朝廷に返すことをすすめられます。**同じ頃、薩長両藩では、武力による討幕を計画していましたが、公武合体の立場をとっていた土佐藩では、坂本龍馬と後藤象二郎が中心となって幕府の大政奉還を後押しするのでした。この時点で慶喜は、政権は失っても、徳川が主導権を掌握できると信じていたため、大政を奉還する決意を固めたのです。

しかし薩長両藩にとって大政奉還は納得できるものではありませんでした。討幕が果たせなくなったため、薩長両藩は朝廷の岩倉具視《いわくらともみ》と結び、王政復古の大号令を発します。大政奉還後、坂本龍馬は暗殺され、主導権を握った薩長は天皇を中心とした新政府を樹立するに至り、**江戸幕府は滅亡することとなりました。**

天皇のもと新しく置かれた総裁《そうさい》、議定《ぎじょう》、参与《さんよ》には諸藩から有力な人物が、雄藩連合のかたちで参加することになったのです。その夜、**京都の小御所《こごしょ》会議では、慶喜の内大臣の辞退と領地の朝廷への一部返上が決定されました。**

江戸幕府滅亡

幕府·長州·薩摩·土佐

薩摩・長州
- 薩長同盟
- 武力による討幕を画策
- 朝廷の岩倉具視と接近
- 王政復古の大号令（1867年）

幕府
- 徳川慶喜 15代将軍
- 大政奉還（1867年）
- 朝廷に政権返上
- 江戸幕府滅亡

土佐
- 公武合体を画策 徳川家を含む連合政権
- 大政奉還論 武力討幕を回避（山内容堂 → 徳川慶喜）
- 坂本龍馬暗殺（1867年）

王政復古の大号令（1867年）
天皇を中心とした新政府樹立
総裁 － 有栖川宮熾仁親王
議定 － 皇族·公家、諸侯 松平慶永·山内豊信
参与 － 岩倉具視·西郷隆盛·大久保利通·後藤象二郎

Check!

坂本龍馬（1835～67年）

●一人で時代と戦った龍馬！

19歳で江戸に出て開国の様子を目のあたりにした龍馬は、日本は外国と対等な関係をつくるべきと考えた。武力討幕が日本の将来にとってプラスとはならないことから薩長同盟を成立させ、慶喜に大政奉還を決意させたのは龍馬の努力によるものであった。32歳で暗殺され、短くも熱い生涯を終えた。

【勝海舟と西郷隆盛による江戸無血開城】戊辰戦争と新政府、明治維新

徳川慶喜の処分に対して強い不満をもった旧幕府軍は、京都へ向けて挙兵しますが、**鳥羽・伏見の戦いで新政府軍に大敗します。**圧倒的な勝利をおさめた新政府軍は、そのまま東へと向かい江戸総攻撃となるはずでした。しかし幕臣の勝海舟と新政府軍の西郷隆盛の間で、江戸総攻撃回避のための話し合いが行なわれると、戦争をせずに江戸城を明け渡すことが決まります。

新政府軍の参謀西郷隆盛は、何としても幕府の生き残りを壊滅したいと強硬姿勢で行動していたのですが、勝海舟は日本を二分して戦うことの危険性と、江戸での大規模な戦闘が、決してのちの日本にとってよい影響がないことを訴えたといいます。江戸城の無血開城、幕府軍艦の委譲、そして慶喜の水戸への転出といった新政府軍の方策に不満をもつ一部の旧幕臣は、東北へと向かいました。江戸では彰義隊が上野に立てこもり、会津では白虎隊が抵抗しますが平定されます。箱館の五稜郭《ごりょうかく》で榎本武揚《たけあき》が最後の抵抗を試みますが、これも4カ月で降伏します。

新政府軍と旧幕臣との一連の内戦は、戊辰戦争《ぼしんせんそう》と呼ばれています。**国内を平定したのちに新政府は五箇条の誓文を公布し、新政府の元号を明治と改元したのです。**

戊辰戦争

旧幕府軍は京都へ向けて挙兵するが、鳥羽·伏見で新政府軍と衝突 → 新政府軍の勝利

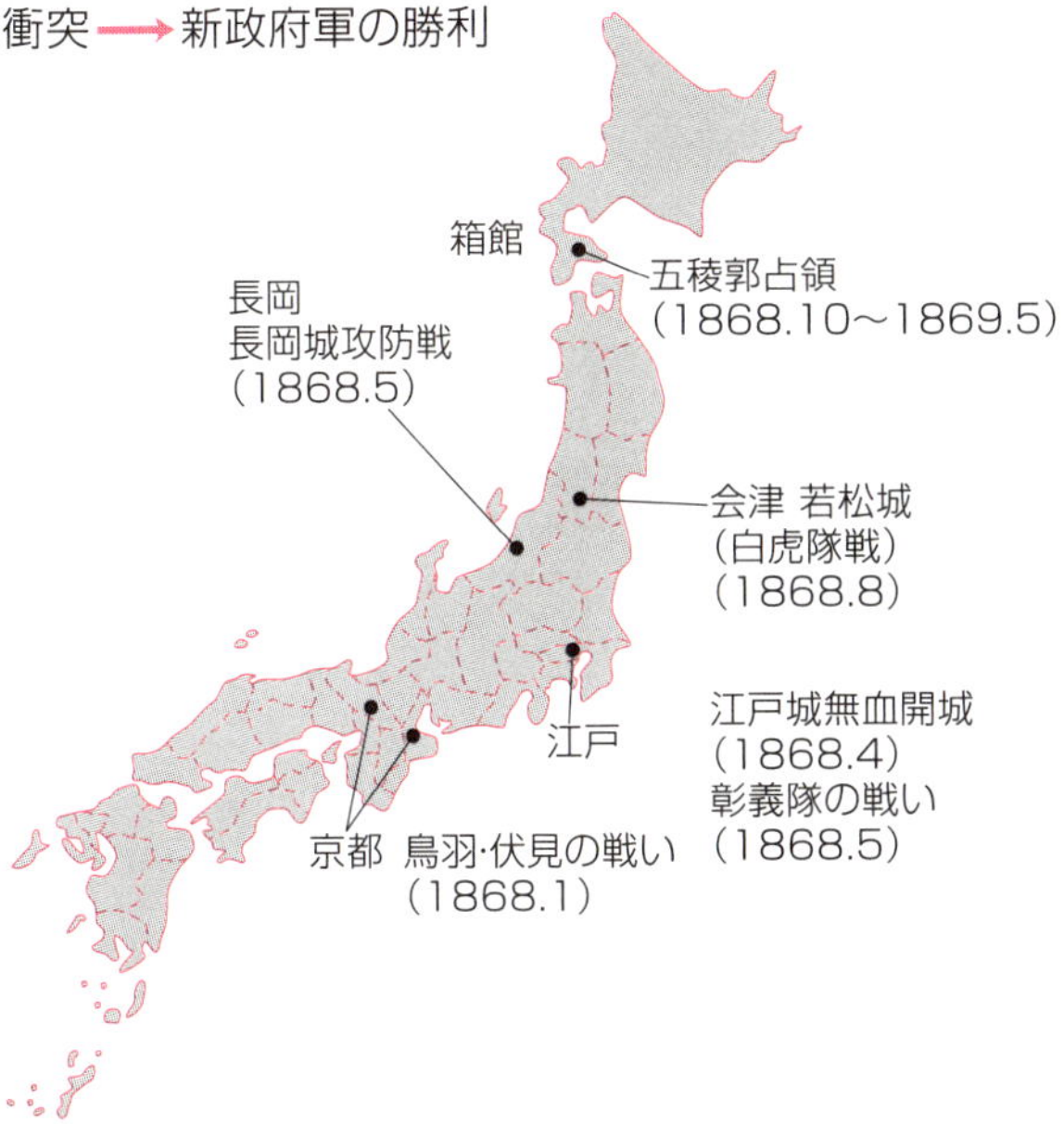

戊辰戦争と新政府の流れ

新政府	1868年	戊辰戦争
徳川慶喜、大坂脱出	1月	鳥羽·伏見の戦い
五箇条の誓文発布	3月	勝海舟と西郷隆盛の会談
江戸城明け渡し	4月	
	5月	彰義隊の戦い
江戸を東京に改称	7月	
	8月	会津戦争
明治元年	9月	
	10月	榎本武揚ら、箱根五稜郭占拠

第4章
近現代

廃藩置県と地租改正

【年貢から租税へ税制改正し財政安定をはかる】

64
min
までおさらい完了

新政府は一世一元《いっせいいちげん》の制をつくり、元号を明治とし、江戸を東京と改め遷都を行ないました。

まず取り組んだのは廃藩置県《はいはんちけん》でした。それまで諸大名が領有していた土地と領民を天皇に返上し（版籍奉還）、封建的な支配から中央集権制へ移行するものでした。これにより知藩事（藩主）には支配権がなくなり、政府が任命した府知事・県令が府や県をおさめるようになったのです。諸藩の反対も予想されたのですが、戊辰戦争で財政難となっていたこともあって、強い抵抗を示すことはありませんでした。また諸藩でも外国に対抗するためには、中央集権的な体制の必要性が認識されていたこともありました。

財政確保の手段には、人口のほとんどを占める農民の収穫高による租税から、地価による土地所有者からの租税へと切り換えたのです（地租改正）。そのために田畑永代売買の禁令を解き、地価を定めて土地の私有制度を確立しました。納税者は従来の耕作者から土地所有者に変わり、納税は米ではなく貨幣としたのです。これにより、**米の相場によって不安定であった歳入が、安定的に確保されるようになりました。**

明治維新

諸大名が領有していた土地·領民を政府へ◇**版籍奉還**

封建的な支配から中央集権制へ◇**廃藩置県**

財政確保

農民の収穫高による租税から、地価による土地所有者からの租税へ切り換え——**地租改正**

中央官制のしくみ

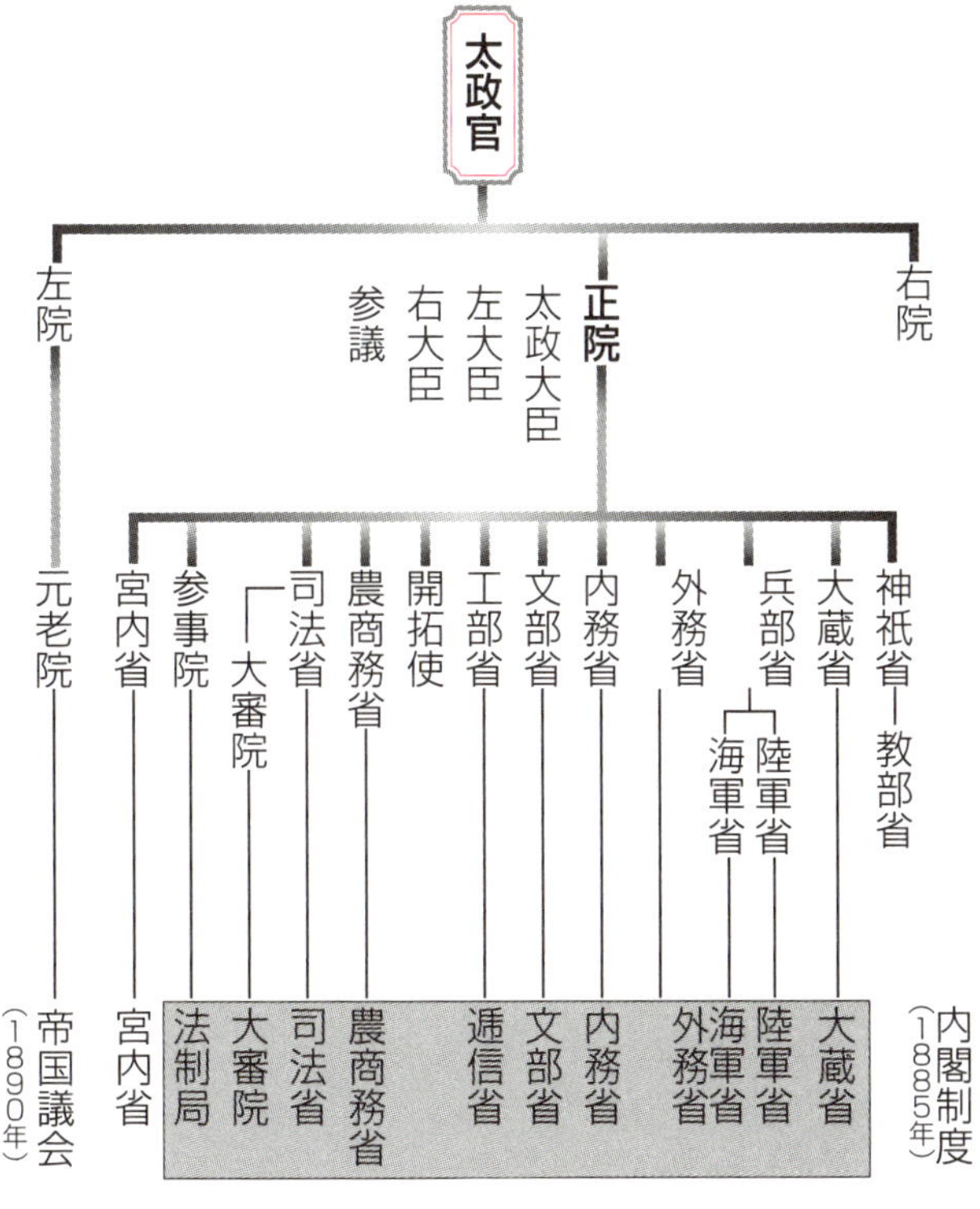

第4章 近代

文明開化

65 min までおさらい完了

王政復古によって新しい政府が樹立した明治維新の時代に、政府が欧米列強を意識して近代化をすすめていくなかでの文化改革を文明開花と呼びました。

まずは祭政一致の見地から神社神道の普及がはかられます。1868年には神仏分離令が出されたことで、廃仏毀釈《はいぶつきしゃく》が全国的に広がり、**寺・仏像・仏具などが破壊されたり焼かれる事態が生じ、仏教界に衝撃が走ります。**

またキリスト教は新政府になっても禁止されていたのですが、欧米視察団によって条約改正交渉をうまくすすめるためにはキリスト教を認める必要性があることを知らされ、1873年になって**キリスト教禁止令は解かれるのでした。**

政府は、近代化をすすめるためには欧米諸国にならって、学校教育制度を取り入れる必要があるとして、学制を公布します。これによって全国に小学校が設立されますが、その数は約2万校にのぼり、学校教育は急速に普及したのです。

江戸時代から続く寺子屋での庶民教育が基盤となり、男子では小学校就学率は50％を超えていました。しかし農村では、子どもとはいえ貴重な労働力となっていたので、廃止運動をおこす地域もありました。

文明開化は国民生活にも影響を与え、とくに**東京などの大都市では、生活様式が大きく変化しました。**煉瓦造の洋風建築物が建ち並び、街路にはガス灯がともり、家庭には石油ランプの照明が入りました。衣服は洋服が着用されるようになり、それにともなって靴、帽子、コウモリ傘などが使用されるようになります。**食事も西洋にならって肉食やビール、西洋たばこなどの習慣が広がりました。**

思想面でも欧米の自由主義や個人主義が紹介されると、新しい知識が一般にも受け入れられるようになりました。とくに福沢諭吉の『学問のすゝめ』では、人は生まれながらに貴賎の差があるのではないことが説かれ『文明論之概略』では、人間の知徳が文明を推進する力となることが唱えられて、青年層を中心に大ベストセラーとなりました。

1900年頃の銀座。左手奥に建つのは国内初のビヤホール

第4章 近現代

富国強兵と殖産興業

【政府主導ですすめられた近代産業の育成】

66 min までおさらい完了

明治政府は、中央集権制とともに重要なこととして富国強兵策を掲げます。欧米諸国に追いつくための近代的な産業の育成でした。鎖国の遅れを取り戻すためには封建的藩制度を改める必要があり、関所・宿駅などを廃止し身分制度の撤廃などをはかりました。**そして欧米の技術や知識を学ぶことから近代的な産業の育成につとめたのです。これを殖産興業と呼びます。**

政府はそれまで幕府や藩によって経営されていた鉱山や造船所を官営とすることや、富岡製糸場などの官営工場を設置して、輸出品の生糸の生産を促進します。製糸や紡績にはとくに力を注ぎ、官営の模範工場での最新機械による生産などにも力を入れました。

近代産業の育成は、政府主導ですすめられました。また貨幣制度の改革を行ない、貨幣の単位を金本位とし、円・銭・厘などの新硬貨を採用しました。産業をおこすために必要な銀行も渋沢栄一が中心となって整備するなど、急速に産業資本が用意されました。

殖産興業政策がすすめられるなか、**三井・三菱などの事業家らは政府の保護をうけて独占的に利益をあげ、政商と呼ばれました。**

近代産業の育成

官営工場を設置し、製糸業・紡績業に力を入れた

□=幕府・諸藩から引きついだもの

東京～横浜間鉄道開設　1872年

この時代の出来事

▼1869年
蝦夷地を北海道に改称
東京～横浜間電信架設

▼1871年
岩崎弥太郎、のちの三菱商会設立
郵便事業開始

▼1872年
新橋～横浜間、鉄道開通
官営富岡製糸場設置

▼1873年
第一国立銀行設立

▼1874年
北海道屯田兵制度設置

▼1876年
札幌農学校開校

【西郷隆盛らの議員辞職】

対外政策をめぐる内紛

67min までおさらい完了

政府は、諸外国との外交政策を積極的にすすめました。１８７１年には、岩倉具視を大使とした使節団を欧米に派遣し、各国視察と不平等条約の改正を目的に12カ国を歴訪します。

使節団には、大久保利通・木戸孝允・伊藤博文など、政府の中心的人物をはじめとして多数の関係者が参加し、各国の議会・工場・病院・学校などの近代的諸施設を視察しました。

東アジア諸国との関係は、清や朝鮮との国交を再開する必要があるとして、朝鮮に対して何度も国交要求をしますが、拒否されます。これに対して西郷隆盛・板垣退助・後藤象二郎・江藤新平らは、武力で朝鮮との国交を開こうとする征韓論を主張し、西郷隆盛を派遣し、要求が通らない際には武力で開国を実現するという方針を内定するのでした。ところが岩倉使節団が欧米から帰国すると、国内の整備を優先するべきとの理由から、**征韓論に強く反対したため、西郷らの方針は取り消しとなり、征韓派は議員辞職をします（明治六年の政変）**。

もっとも清国とは１８７１年に日清修好条規を結んでおり、懸案の朝鮮も江華島事件を経て開国させ、１８７６年、日朝修好条規を結びます。

征韓論争

諸外国との外交政策を積極的にすすめた
岩倉具視を大使とした使節団、欧米に派遣◇1871年

- 12カ国の視察
- 不平等条約の改正交渉
（大久保利通・木戸孝允・伊藤博文ら）

朝鮮に対して国交要求 → 拒否される
西郷隆盛・板垣退助・後藤象二郎・江藤新平
▼
征韓論 を主張

岩倉視察団が帰国すると国内整備の優先を説く
征韓論に **反対** → 西郷ら議員辞職
明治6年の政変
（1873年）

清により日本海軍の艦隊が、江華島付近で砲撃される
⇅
日本政府
日本は報復し江華島占拠
日朝修好条規締結（1876年）
（強引に開国させ、不平等条約締結）

清国とは、初の対等条約
日清修好条規を1871年に締結

第4章
近現代

【全国的に広がる士族らの反乱】
新政府に対する不満

68
min
までおさらい完了

明治政府は急速な近代化をすすめたため、国民は生活の変化を強いられました。年貢が地租に変わっても、**農民たちは重税に苦しめられ、新たに設けられた徴兵制による兵役の義務や子どもを学校に通わせる経済的負担も加わり、不満から全国で一揆が頻発しました。**

また、版籍奉還によって、大名は華族となり武士は士族となりましたが、士族のほとんどが秩禄処分（家禄支給の廃止）によって経済的に破綻するあり様で、新政府に対しての士族の不満はやがて全国のあちらこちらで反乱としてあらわれることになります。

征韓論で辞職した板垣退助・江藤新平らは政府に不満をもつ士族らを中心とした民権運動を組織するようになります。1874年、郷里の佐賀で最初に不平士族の先頭に立って蜂起したのは江藤新平でしたが（佐賀の乱）、2カ月で鎮圧されると江藤は処刑されました。その後も各地で反乱が続き、1877年には明治維新の立役者ともいうべき西郷隆盛が鹿児島の士族らとともに挙兵します（西南戦争）。この大規模な内乱に政府は全力をあげて鎮圧にあたり、西郷は敗北して自刃。**西南戦争は終わりを迎え、以後明治政府の基礎は安定しました。**

西南戦争

国民の不満◇急速な生活の変化
氏族の不満◇武士は廃藩置県によって士族となったものの、経済的に破綻

秩禄処分
政府は士族の家禄を全廃
↓
1876(明治9)年
家禄の5〜14年分にあたる金額と利子を保証する公債を発行
これにより家禄を廃止

(秩禄処分)
↓
新政府に対する士族の不満・反乱

佐賀の乱	1874年
敬神党の乱(神風連) 秋月の乱 萩の乱	1876年

↓
西郷隆盛、挙兵 ―― **西南戦争** 1877年
↓
鎮圧(明治政府は安定)

Check!
西郷隆盛(1827〜77年)

●明治維新・功労者の最期!

征韓論に敗れて下野した西郷は、鹿児島に帰り士族らを中心とする私学校を創設する。やがてその勢力は政府を脅かすものとなり、ついに挙兵に至ると政府軍と熾烈な戦いを展開します。しかし結局自刃に追い込まれ壮絶な最期を迎えた。西南戦争によって士族の反乱は終息を迎え、明治政府の基礎は安定するのだった。

第4章 近現代

自由民権運動と国会開設

【民撰議院設立の建白書を提出】

征韓論で敗れて参議を辞職した板垣退助・後藤象二郎らは、立憲政治の必要性が高まるなか愛国公党を設立すると、民撰議院設立の建白書を政府に提出します。

板垣が土佐（高知）に戻り立志社を結成すると、各地には自由民権思想を支持する政治結社が次々と設立されて活発な言論活動が展開されます。政府はこのような情勢を踏まえ、立法諮問機関である元老院と司法機関の大審院を設け、立憲政体の整備をすすめるのでした。

また地方行政にも着手し、府知事や県令による地方官会議を開き、地方議会を設けることも定めたのです。しかし一方、新聞や雑誌を舞台に政府を非難する声が高まってきたことに対して1875年、讒謗律《ざんぼうりつ》・新聞紙条例などを制定し、反政府的言論活動を厳しく取り締まりました。

1880年には国会期成同盟が結成され、国会開設の請願を試みます。運動は全国的な広がりをみせますが、政府の方針は、漸進的《ぜんしんてき》国会開設というものでした。大隈重信《しげのぶ》は早期開設を上奏し、政府側の伊藤博文と対立します。折り悪く、開拓使官有物払下げ事件がおこって政府に対する批判が高まったため、**国会開設を1890年に行なう約束をしました（明治十四年の政変）。**

69 min までおさらい完了

自由民権運動

征韓論で参議辞職——板垣退助ら
愛国公党結成　1874年

政府 ← 民撰議員設立の建白書提出
自由民権運動のはじまり

立憲政治の構想

▼

各地に政治結社が誕生

讒謗律･新聞紙条例
（反政府言論活動取り締まり）

▼

国会期成同盟結成　1880年
国会開設の請願

▼

全国的な運動となる

▼

伊藤博文
漸進的国会開設の提唱

対立

大隈重信　1881年
議院内閣制導入の主張

この時代の出来事

▼1873年
征韓論敗北

▼1874年
愛国公党結成

▼1875年
立志社結成
讒謗律･新聞紙条例制定

▼1877年
国会開設の建白書提出

▼1880年
愛国社が国会期成同盟結成
官営工場払い下げ開始

▼1881年
大隈重信、議院内閣制主張

第4章 近現代

政党の成立と明治憲法制定

【自由党、立憲改進党が結成される】

国会開設の勅諭が発せられると、自由民権派の政党が生まれ、1881年には板垣退助を党主とする自由党、翌年には大隈重信を党主とする立憲改進党が結成されます。政府を支持する政党としては、福地源一郎を党主とする立憲帝政党ができますが、活動する間もなく解散します。

自由党には元士族も多く、自由主義の立場に立った急進的な政策を掲げ、地方農村の有力者の支持を集めていました。板垣退助以下、後藤象二郎・片岡健吉・植木枝盛らが主要な構成メンバーでした。対する立憲改進党は、合理主義的な都市部のインテリなどから成り、イギリス流の立憲主義にならい穏健な漸進主義をとっていました。大隈以外では、河野敏鎌《とがま》・小野梓・犬養毅・尾崎行雄などが活躍しました。

しかし両党とも、政府の工作もあって数年間で弱体化し、民権運動も衰退していくのでした。

政府は急進的な民権運動を取り締まる一方、立憲政治の実現をすすめました。**渡欧して憲法について学んだ伊藤博文は、内閣制度を創設し、自ら初代内閣総理大臣となります。**1888年に首相の座を辞した伊藤は憲法起草にかかわり、1889年に大日本帝国憲法が発布されました。

70 min までおさらい完了

明治憲法制定まで

明治十四年の政変……国会開設（明治23年）の勅諭

自由民権派の運動

自由党 1881年	立憲改進党 1882年
板垣退助	**大隈重信**
元士族らによる自由主義の立場に立った急進的政策	知的·合理主義的インテリらからなり、穏健な漸進主義的政策
後藤象二郎 片岡健吉 植木枝盛ら	河野敏鎌 小野梓 犬養毅 尾崎行雄ら

全国で民権運動激化

福島事件	1882年	秩父事件	1884年
高田事件	1883年	加波山事件	1884年
大阪事件	1885年	静岡事件	1886年

やがて民権運動は衰退していく

立憲政治の実現をすすめる——**伊藤博文**

内閣制度制定

初代 内閣総理大臣となる

1888年◇枢密院設置

1889年◇大日本帝国憲法発布

第4章 近現代

【大日本帝国憲法を発布】

日本最初の衆議院議員選挙

大日本帝国憲法は、1889年にアジアで最初の近代憲法として発布され、日本は憲法による国家の運営を行なう立憲国家の一歩を踏み出したことになるのでした。最終的な権限は天皇が有し、また天皇には軍を動かす統帥権《とうすいけん》も与えられていました。

翌1890年には第1回衆議院議員選挙が実施されます。貴族院と衆議院の二院制からなる議会のうち、衆議院議員のみが選挙によって選ばれました。**選挙では旧民権派が多数当選し、立憲自由党と立憲改進党が衆議院の過半数を占めます。**この現実に対抗して山県有朋内閣は、黒田清隆首相の立場を継承し、政党の意向に左右されることのない超然主義の声明を出し、国家本位の政策を遂行したため、政府と衆議院はしばしば激しい対立を繰り返すことになりますが、自由党は政府に歩み寄ることで政治参加の方向へ方針を転換していきます。

これによって衆議院第一党の自由党は、立憲改進党との対立を鮮明にすることになります。

政争の焦点は、予算の問題と幕末に結んだ不平等条約を平等なものに改める、条約改正問題でした。これについては、政府だけではなく、政府反対派にとっても大きな課題だったのです。

71 min までおさらい完了

大日本帝国憲法下の国家のしくみ

大日本帝国憲法――アジアで最初の近代憲法
（欽定憲法）

天皇
- 統帥権 → 参謀本部（陸軍）・軍令部（海軍）
- 元老・重臣
- 内大臣（常侍補弼《ほひつ》）
- 宮内大臣（皇室事務輔弼）
- 枢密院（重要国務諮問）
- 任命 → 帝国議会（予算・立法）／**内閣**（行政）／**裁判所**（裁判）

帝国議会（予算・立法）
- •貴族院
- •衆議院

内閣
（行政）
各国務大臣

裁判所
（裁判）

選挙

国　　民

第1回衆議院議員選挙◇1890年

貴族院　<二院制>　**衆議院**

貴族院	衆議院
皇族	立憲自由党
華族	立憲改進党

（立憲自由党・立憲改進党で）過半数

※国家本位の政策・超然主義◇黒田清隆首相

政争の内容
- •予算
- •不平等条約の改正

第4章
近現代

不平等条約の改正

【民権派の反対運動、三大事件建白運動】

明治政府誕生以来、日本にとって最大の外交問題は不平等条約を改正することでした。

政府は欧米諸国と対等の国家建設を目標として近代化をすすめてきたため、不平等条約の改正は悲願でもあったわけです。岩倉具視に続き寺島宗則も交渉を成し得ず、引き継いだ井上馨《かおる》外務卿は、1887年外国人に日本国内を開放する内地雑居を条件に、領事裁判権の撤廃と輸入税率の引き上げ交渉に取り組みました。井上の姿勢に反対する民権派はこの機に乗じて、三大事件建白運動をおこします。三大事件とは、地租の軽減、言論あるいは集会の自由、不平等条約の改正を掲げた陳情運動のことで、政府を大いにおびやかしました。

次に外相となった大隈重信は、各国との個別交渉という方法で改正の成功を得たかと思われたのですが、外国人判事任用を認めていたことが露見すると反対論がおこり、交渉は再度中断。

その頃、ロシアが勢力を拡大していたことを重くみたイギリスは、日本が東アジアでの近代化に成功したことを評価して条約改正を認め1894年、**ようやく日英通商航海条約の締結に漕ぎつけるのでした。**

72 min
までおさらい完了

不平等条約の改正

幕末に結ばれた
不平等条約(治外法権、関税自主権を持たない)

老中、阿部正弘—日米和親条約 ———1854年
大老、井伊直弼—日米修好通商条約—1858年
※和親条約は、米国のほかに英·露·蘭とも締結
修好通商条約は、米国のほかに英·露·蘭·仏とも締結

不平等条約改正までの流れ

1872年 岩倉具視	遣欧米使節団として派遣されるが、交渉に至らず	
1878年 寺島宗則	関税自主権回復を求めアメリカと条約改定をすすめる	英·独の反対で無効
1882~87年 井上馨	欧化政策(鹿鳴館外交) 条約改正予備会議	三大事件建白運動の批判
1888~89年 大隈重信	各国個別交渉を行なう	右翼テロにより交渉中止
1891年 青木周蔵	治外法権撤廃　イギリスは同意するが大津事件で中止	交渉中止
1894年 陸奥宗光	日英通商航海条約締結	領事裁判権撤廃
1911年 小村寿太郎	日米通商航海条約改正	関税自主権の完全回復

第4章
近現代

日清戦争、三国干渉

【朝鮮問題で清国に宣戦布告】

明治政府は欧米各国がアジア進出を画策しているなか、朝鮮がロシアの勢力下に入ることをとくに恐れていました。すでに日朝修好条規を締結していた日本政府は、朝鮮を日本の影響下において、欧米列強と対抗しようとしますが、朝鮮を属国と考えていた清国が立ちふさがります。

1882年、朝鮮国内では親日派勢力と清国に頼ろうとする保守派の争いがおこり、日本公使館が襲われますが（壬午軍乱《じんごぐんらん》）、清国の軍により鎮圧されます。その後、清仏戦争で清国が敗北したことを契機に、改革派の独立党が蜂起します（甲申事変《こうしんじへん》）が失敗に終わります。この事件で日清関係は悪化、そのため両国間ではたがいに朝鮮からの撤兵を取り決めた天津条約を結び、衝突は避けられたのでした。

ところが1894年、朝鮮で農民の反乱、東学党《とうがくとう》の乱がおこると、朝鮮政府から要請をうけた清国は出兵し、日本も対抗して朝鮮に軍隊を派遣、ついに日清戦争が開始されました。**近代的な日本軍は圧倒的勝利をおさめ、下関条約を結びます。**

そのなかで遼東《りょうとう》半島の割譲について、仏・独とともに返還を求めてきたのが日本の大陸進出を警戒したロシアでした（三国干渉）。

73 min までおさらい完了

日清戦争

日本 ／ **対立** ／ **清**

日本：朝鮮がロシアの勢力下に入ることを恐れた

清：朝鮮を属国と考え宗主権を主張

朝鮮

壬午軍乱　1882年 ← 清（鎮圧）

甲申事変　1884年 ← 日本／清（鎮圧）

日清両国の関係悪化

天津条約
- 朝鮮から両国軍の撤退
- 出兵に際しては相互事前通告制を取り決める

日本出兵 → 東学党の乱　1894年 ← 清国出兵

日清戦争

約8カ月で日本軍の圧倒的勝利

下関条約　講和条約締結

日本の勝利を警戒したロシアは、フランス･ドイツとともに遼島半島の返還を申し入れる

三国干渉

ロシアに対する不満から、のちの日露戦争への準備を開始

第4章 近現代

日清戦争後の日本と日英同盟

【ロシアに対して深まる反感】

大陸進出への足がかりを得た日本でしたが、ロシアに待ったをかけられた形となりました。

反ロシア感情が国内に充満するなか、政党の姿勢にも変化があらわれ、自由党は政府を支持する側に回り、軍備拡張のための予算案を認め、清国から得た戦争賠償金を使い八幡製鉄所を建設するなど、さらに富国強兵策をすすめるようになります。

またこの頃、自由党と進歩党が合同して憲政党がおこると、大隈重信を首相とする日本初の政党内閣（隈板内閣《わいはんないかく》）が成立しています。この内閣は4カ月ほどで終わりますが、**藩閥勢力は政党を無視することができなくなり、政党政治発展の基礎が固まりました。**

日清戦争で敗北した清国に対して、列強は次々と勢力範囲をのばし中国分割を行ないました。それに対して清国内では外国人排斥運動が義和団によっておこると、清国政府もこの運動に同調しますが（北清事変）、日本を含む列強は軍隊を派遣し、暴動は鎮圧されます。

しかし義和団の乱の後、ロシアが満州を占領し、朝鮮半島にも影響を及ぼしてくると、**日本政府はロシアの勢力を警戒するイギリスと日英同盟を締結してロシアを牽制することにします。**

74 min までおさらい完了

日清戦争後

日清戦争の勝利は大陸進出への第一歩

国内

日清戦争·三国干渉後自由党は政府支持へ
↓
軍備拡張のための予算案承認
↓
富国強兵策をすすめる
↓

国外

敗北した清国は、列強によって分割が行なわれる
↓
義和団による外国人排斥運動おこる
↑
ロシアは満州を占領
↑

日本は日英同盟を締結してロシアを牽制

この時代の出来事

- 1894年 日清戦争開戦
- 1895年 下関条約締結 三国干渉
- 1900年 北清事変、義和団の乱
- 1902年 日英同盟協約締結
- 1903年 日露交渉、進展せず
- 1904年 日露戦争、勃発
- 1905年 ポーツマス条約調印

第4章 近現代

日露戦争開戦

【満州・朝鮮問題で主戦論が高まる】

75 min までおさらい完了

ロシアが満州から撤兵しないうえに、朝鮮の領土内に軍事施設をつくり始めると、国内ではにわかに主戦論が高まりをみせます。日本政府は日英同盟締結後も満州・朝鮮問題についてロシアとの交渉を続けていましたが、その一方で開戦準備もすすめていました。

日本政府はロシアに対して、満州を日本の利益範囲外とするかわりに、朝鮮を日本の軍事・政治の支配下におくことを認めるように要求したのですが交渉は決裂し、**1904年、日露戦争が開戦するのでした。**

当初から日本政府はこの戦争が厳しいものであることを予測し、戦費の捻出にアメリカやイギリスから外国債の募集を行なう方針を立てていました。

国内的には立憲政治体制が確立していた日本は、国民的支持を背景に総力戦で挑むことができたのですが、ロシアは国内で革命がおこるなど戦力を発揮するには十分とはいえない環境にあったことなどから、**1年8カ月の戦争で日本は、戦局を有利に展開し勝利をおさめるのでした。**ただ軍事的には優勢でしたが経済面での戦費調達が不可能となったため、アメリカ大統領に和平の仲介を頼むのでした。

日露戦争

当時のロシアは世界一の軍事力
豊富な資源と国家予算
→ 戦争回避論が一般的

しかし満州から撤兵せず、朝鮮に軍事施設をつくり始めると主戦論が高まりをみせる

日英同盟後

↓

満州朝鮮問題

↓

ロシアと交渉

↓

1904年　交渉決裂

↓

日露戦争開戦

1年8カ月

日本		ロシア
国民的支持で総力戦	日本は奇跡的勝利をおさめることになる	専制政治に対する革命により戦力不十分

第4章 近現代

日露戦争後の国際関係

【政府の隠蔽体質が招いた国民の不満】

76 min までおさらい完了

アメリカ大統領セオドア＝ローズベルトに仲介を依頼し、ポーツマスで日露講和条約（ポーツマス条約）が締結されますが、**多額の賠償金を期待していた国民は、賠償金がないことに不満をもち、講和条約破棄を叫んで日比谷焼き打ち事件へと発展し、新聞も政府を攻撃します。**

とはいえ、東アジアの小国日本が、大国ロシアを相手に戦い勝利したことは、中国・インド・オスマン帝国など世界の民族独立運動に大きな影響を与えました。

そして日本は大陸への進出を本格的にすすめ、日韓協約を結ぶと韓国に統監府をおいて、韓国の内政・外交の実権を手にしたのです。韓国では義兵運動を展開して日本に強く抵抗しましたが、日本軍によって鎮圧されます。

1909年、統監府初代統監の伊藤博文がハルビンで朝鮮民族運動家に暗殺されると、翌年、**日本政府は韓国併合を強行し、韓国を植民地として支配するようになります。**また満州ではロシアの諸権益を引き継ぎ関東都督府《ととくふ》をおき、半官半民の南満州鉄道株式会社（満鉄）を設立し、**南満州へ勢力を拡大しました。今度はこれに、アメリカが警戒色を強めることになります。**

日露戦争勝利後の日本

ポーツマスで日露講和条約 ――アメリカ大統領セオドア=ローズベルトの仲介

日本ではロシアから多額の賠償金を期待しますが、獲得することができなかった

▼

日比谷焼き打ち事件

政府は経済的に戦争継続能力がなく、最後までロシアを追い込むことができなかったという真相を、国民には隠していた。そのため戦時協力をしてきた国民は、講和内容に納得がいかなかった

政府の隠蔽体質は、日本がその後の不幸な道を歩む要因となる

この時代の出来事

▼1904年
日露戦争開戦（05年終結）
日韓議定書の調印

▼1905年
第一次日韓協約
第二次日英同盟協約調印
第二次日韓協約

▼1906年
南満州鉄道株式会社設立

▼1909年
伊藤博文、ハルビンで暗殺

▼1910年
韓国併合条約
朝鮮総督府設置

▼1911年
関税自主権回復

第4章
近現代

明治の産業と社会運動

【急速な資本主義の発達と社会のゆがみ】

77 min までおさらい完了

明治時代の日本の産業は、紡績業・製糸業といった繊維部門からおこりましたが、政府は日清戦争後に手にした賠償金によって、軍備の拡大と産業の振興に力を入れました。その結果、**景気は上向き、新企業の設立が相次ぎ、資本主義が発達しました。**

交通網も鉄道を中心に発展し、日清戦争後には青森から下関まで鉄道が敷かれました。日露戦争のあとには重工業の発達が著しく、とくに造船技術には目を見張るものがありました。

恐慌も何度か経験するうちに、三井・三菱などの財閥は多角的経営をすすめ、弱小企業を吸収合併しながらさらに大きくなっていきました。**こうした急速な資本主義の発達は、労働者の苛酷な労働の上に成り立っていました。**

日清戦争後の産業革命期には全国的にストライキがおこり、日露戦争後になると労働争議が頻発します。労働組合は社会主義思想と結びつき、1901年には日本初の社会主義政党、社会民主党も結成されます。政府はこうした動きに対して治安警察法を制定して取り締まりを強化しました。

1906年には日本社会党が結成されますが、翌年には解散が命じられています。

産業の発達と社会運動

明治時代の日本の産業――**繊維部門** 紡績業 製糸業

日露戦争後
- 重工業の発達
  造船技術の進歩
- 財閥の発展
  金融･貿易･鉱山業で
  日本の産業界をリード

――資本主義の発達

労働者の苛酷な労働

→ **社会運動**

・社会運動と社会問題

議会で足尾鉱毒問題（1891年）
日本最初の労働組合（1897年）
社会民主党結成（1901年）
幸徳秋水ら平民社設立（1903年）
日本社会党結成（1906年）
大逆事件（1910年）

Check!

田中正造（1841～1913年）

●議員を辞職し、天皇へ直訴！

栃木県の足尾銅山では鉱毒問題がおこり、田畑へ影響がでた。栃木県の代議士田中正造は、衆議院で対策を検討するよう訴えるものの状況は改善しなかった。この事件は社会問題となったものの、一向に改善の兆しがなかったため、正造は議員を辞職すると、天皇への直訴へと踏み切り、投獄されてしまった。

第4章
近現代

第一次世界大戦

【高まる政治への関心とアジアへの権益拡大】

78
min
までおさらい完了

日露戦争後、国内では立憲国民党の犬養毅《つよし》と立憲政友会の尾崎行雄《ゆきお》らによる閥族打破・憲政擁護運動が広まり、議会との対立から陸軍出身の桂太郎内閣は総辞職に追い込まれます。次いで内閣を組織した山本権兵衛《ごんべえ》のときには、海軍高官によるドイツからの軍艦購入による汚職事件がおこり、大隈重信が内閣を成立させるなど、**政治に対する民衆の関心は高まっていました。**

ヨーロッパでは、三国同盟を結んだドイツ、オーストリアとイタリア、ロシアとフランスによる露仏同盟が均衡関係にあったのですが、イギリスが露仏同盟側につくことで、緊張関係が生じていました。1914年、オーストリア皇太子がセルビアの青年に暗殺されるという事件がおこると、両国間に戦争が始まりドイツとロシアの間にも紛争がおこり、さらに**フランスとイギリスがロシアについて参戦したため、第一次世界大戦が始まったのです。**

両陣営は世界史上類のない戦いを繰り広げることになりましたが、イギリスが参戦したことで日本も日英同盟により参戦し、中国のドイツ領を占領していきます。ヨーロッパの目が中国に向かないのを好機ととらえ、**アジアへの権益の拡大を目指したのでした。**

第一次世界大戦

日本国内

立憲国民党　犬養　毅
立憲政友会　尾崎行雄
——第一次護憲運動

▼

桂太郎内閣総辞職
（大正政変）

▼

山本権兵衛内閣総辞職
（ジーメンス事件）

▼

大隈重信内閣
（第一次世界大戦）

ヨーロッパでは

イギリス —— 日本：日英同盟（1902年）

日本 —— ロシア：日露協約（1907年）

ドイツ・イタリア・オーストリア：三国同盟（1882年）

フランス —— ロシア：1891～94年 露仏同盟

イギリス —— フランス

イギリス —— ロシア

オーストリア皇太子がセルビアの青年に暗殺される

戦争勃発

ドイツ·イタリア·オーストリア**VS**イギリス·フランス·ロシア

第一次世界大戦

※イギリスとの日英同盟により、日本も参戦し、中国のドイツ領を占領——アジアへの権益拡大を狙う

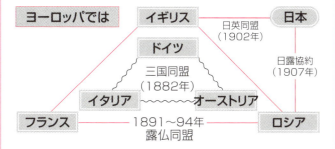

第4章
近現代

【ロシア革命によるソヴィエト政権の誕生】

日本の中国への進出

79min
までおさらい完了

20世紀初頭の東アジアでは、大きな動きがありました。満州族からなる清国では漢民族が台頭し、漢民族国家を建設しようと革命運動がおこっていたのです。**民族の独立・民族の伸張・民生の安定の三民主義を掲げた孫文は、中華民国を建国します。**これによって清国は滅亡（辛亥革命）しますが、国内の混乱はおさまることなく孫文から袁世凱《えんせいがい》へと政権が変わります。1915年、日本は袁世凱政府に対して二十一カ条の要求をつきつけたのです。

要求内容はドイツ権益の継承や満州などでの権益期限の延長（どちらも日露戦争の勝利によってロシアから引き継いだもの）といった、中国にとっては屈辱的ともいえるものでした。**中国側はこれを受け入れはしたものの、反日感情は高まり欧米列強も日本を警戒しました。**

また同じ頃ロシアでもロシア革命がおこり、世界で最初の社会主義国家が生まれました。レーニンを指導者とするソヴィエト政権は、ドイツ、オーストリアと単独講和を結びます。またこの革命によって日露協約が消滅する日本は、英・米・仏が革命軍から連合軍を救済するという名目でシベリアに出兵する機に乗じて、多くの軍隊をシベリアと北満州に出動させたのでした。

中国への進出

清国

三民主義を掲げた孫文

漢民族の台頭 ⇒ 中華民国建設

1912年（清国滅亡）

日本 1915年 二十一カ条の要求 → **中華民国** **袁世凱**

•ドイツ権益の継承

•満州の権益拡大

日本に対する反日感情

欧米列強も警戒

イギリス
アメリカ
フランス
シベリア出兵 →

皇帝の圧政に対し
1917年
ロシア革命＝社会主義国家建設
（指導者レーニン）

日露協約消滅

シベリア
北満州
出兵 →

この時代の出来事

▼1912年
中華民国成立
▼1914年
第一次世界大戦始まる
▼1915年
中国に二十一カ条の要求
▼1917年
ロシア革命
▼1918年
シベリア出兵
ドイツ敗北
第一次世界大戦終結

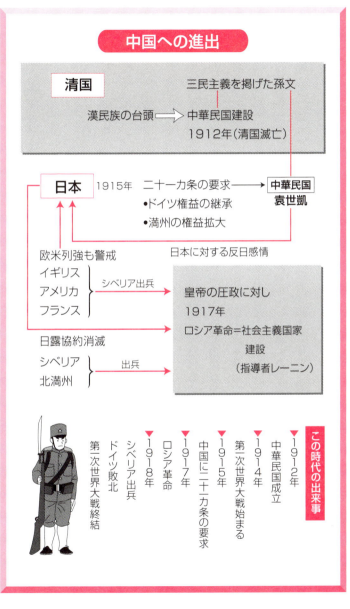

ヴェルサイユ条約と国際連盟

【連合国側の勝利で独立するヨーロッパ各国】

明治末期から慢性的に続いていた不況と財政危機でしたが、**第一次世界大戦は日本に好景気をもたらしました。**綿織物や生糸の輸出は激増し、船舶の供給で船成金が生まれ、造船技術も飛躍的に伸びたのでした。しかし資本家が好景気を享受するほどには一般の民衆や農業生産者にはその恩恵は少なく、むしろ物価高による生活の圧迫が深刻化していました。

米価の急騰に耐えかねて米商人を襲う米騒動が全国でおこり、政府が軍隊を出動させて鎮圧をはかると今度は内閣への批判が高まり、寺内内閣は退陣に追い詰められたのです。そこでそれまでの藩閥政治に代わって平民宰相《さいしょう》と呼ばれた原敬《はらたかし》を首相とする政党内閣が発足しました。国民に熱く迎えられた原敬首相でしたが、一青年により暗殺されます。その跡を継いだ高橋是清内閣も短命に終わり、非政党内閣の加藤友三郎内閣・山本権兵衛内閣が続きました。

第一次世界大戦は1918年に連合国側が勝利し、翌年パリのヴェルサイユ宮殿で講和条約が締結されます（ヴェルサイユ条約）。**また国際平和の実現を目指して国家間の紛争解決にあたる機関・国際連盟がアメリカの主導で設立され、日本は常任理事国となりました。**

国際条約

第一次世界大戦後の国際条約

条約名	参加国	条約の内容など
ヴェルサイユ条約	27カ国(対独)	戦後処理。国際連盟成立
ワシントン会議(四カ国条約)	英·米·日·仏	太平洋の平和に関する条約(日英同盟破棄)
ワシントン会議(九カ国条約)	英·米·日·仏·伊·蘭·中·ベルギー·ポルトガル	中国問題についての条約(中国主導を尊重)
ワシントン会議(海軍軍縮条約)	英·米·日·仏·伊	主力艦保有制限と10年間の建造禁止
山東懸案解決条約	日·中	二十一カ条の要求から旧ドイツ権益を返還
ジュネーブ海軍軍縮会議	英·米·日	補助艦の制限について(条約不成立)
パリ不戦条約	15カ国	国家政策手段としての戦争放棄
ロンドン海軍軍縮条約	英·米·日·仏·伊	主力艦保有数制限 米·英·日·中の補助艦保有数制限

第一次世界大戦による好景気——綿織物·生糸の輸出
船舶の供給

↓

一般の民衆にその恩恵は少ない

↓

軍隊出動し鎮圧 ⇐ 米騒動が全国におこる

平民宰相——期待される
原敬内閣
(暗殺される)

↓

高橋是清内閣
(短命で終わる)

第4章 近現代

第4章 近現代

社会運動の活発化と普選運動

【労働組合の結成と、選挙権の獲得】

第一次世界大戦後の処理や国際平和主義あるいは米騒動などの影響をうけて、日本では社会運動がおこってきました。大戦によって工業化がすすむと労働者の数はふえたものの、物価高によって生活は圧迫されていたため、労働運動が盛んになりました。1912年に労働者の地位向上と労働組合の結成を目的とした日本労働総同盟は、経営者側との労働争議を展開しました。1920年には第1回のメーデーも行なわれました。

農村でも小作争議が各地でおこり、1922年には全国組織日本農民組合が結成されます。また婦人の間でも、婦人の地位向上・婦人参政権を目的とした新婦人協会が設立されます。平塚明《はる》（雷鳥《らいてふ》）らは青鞜社を創立して雑誌『青鞜』を創刊し、「新しい女たち」と呼ばれました。

社会主義運動に加え共産主義の影響もあり、日本共産党も結成されます。このような運動に共通していたのが、**普通選挙権の獲得を要求する普通選挙運動でした。**1924年、清浦奎吾《けいご》が超然内閣を組織すると、憲政擁護運動（第二次護憲運動）により退陣を迫られます。かわって憲政会の加藤高明が内閣を組織すると、普通選挙法と治安維持法を成立させました。

81 min までおさらい完了

社会運動の活発化

米騒動
各職場での労働運動
——労働組合の全国組織

↓

日本労働総同盟（1912年）

↓

第1回メーデー（1920年）

農村での小作争議頻発
全国組織としての日本農民組合結成（1922年）
婦人の地位向上
新婦人協会結成（1920年）

↓

これらの運動に共通していたのが普通選挙運動だった

1924年　清浦奎吾内閣（第二次護憲運動を展開）
1925年　治安維持法制定
　　　　普通選挙法制定
1925年　京都学連事件
　　　　（初の治安維持法適用）
　　　　大正天皇逝去、昭和天皇即位

1923年　関東大震災

マグニチュード7.9の大地震は、昼食時の午前11時58分に起こったため大火災となってしまう。流言蜚語がおこり戒厳令がしかれ、社会主義者の殺害までおこった

関東大震災被災地

第4章
近現代

金融恐慌から世界恐慌へ

【裏目に出た金輸出解禁】

ヨーロッパ各国が復興してくると、日本の貿易は輸出から輸入超過に転じて株式市場の暴落を招き、一気に恐慌となります。そんな状況を関東大震災が襲い、決済不能となった震災手形に対して特別融資を行ない処理をすすめようとした政府でしたが、銀行の経営状態が不良であることから取り付け騒ぎがおこります。これによって銀行の休業が続出しました（金融恐慌）。

政府は日本銀行から救済貸し出しを行ない全国に広がった金融恐慌を鎮めます。しかしこの恐慌で中小企業の多くが倒産するなか、財閥はそうした企業を吸収し、産業支配を強めて政党との結びつきを深めていったのです。

第一次大戦中、金の輸出を禁止してきた政府でしたが、財界からの強い要望などから金輸出解禁に踏み切って、為替相場の安定と輸出促進によって経済の安定化をはかろうとします。ところがその頃、ニューヨークで株価が大暴落し、アメリカから世界恐慌が始まります。

金輸出解禁とのダブルパンチとなって国内の株価や物価は下落し、失業者は急増。農村では生活に窮して女子の身売りなども横行しました。この事態に政党や財閥への非難が高まりました。

82
min
までおさらい完了

金融恐慌

第一次世界大戦後の好景気も、ヨーロッパ各国が復興してくると一気に恐慌となる

震災手形に対する融資を行なおうとした政府 → 銀行の経営状態不良のため（取り付け騒ぎ）

1920年代を通じて日本銀行券増発 → 金融恐慌

中小企業の倒産

1930年 金輸出解禁 → ニューヨークで株暴落

世界恐慌へ

○日本の金輸出解禁は、不況とのダブルパンチとなり国内では株価や物価は下落し、賃金カット・人員整理による失業者が増加

○農村では生活に窮し、女子の身売りなど

財閥
三井 ⟷ 立憲政友会
三菱 ⟷ 憲政会
との結びつき

政党や財閥への非難が高まる

4大財閥
三井、三菱、安田、住友

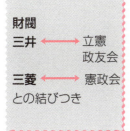

第4章
近代

大衆文化

83
min
までおさらい完了

大正時代から昭和の初期にかけては、市民文化が発達し、その文化が大衆に広がりました。

日本の義務教育は徹底しており、ほとんどの人は文字が読め、中学校・高等学校などの教育機関も整備され、都会の知識層がふえたことが、文化の発展を支えました。

ジャーナリズムの発達も目ざましく、第一次世界大戦や関東大震災などの大事件を扱う新聞は、発行部数を大幅に伸ばしました。

新聞は事件の報道と共に小説の掲載など文化の普及にも大きく役立ったのです。総合雑誌によって、活字文化は広く一般にいきわたるようになりました。

新しいメディアとして登場したのがラジオ放送でした。放送事業を統括する日本放送協会が設立され、ニュースの速報やスポーツ番組の放送によって、ニュースやスポーツに人々の関心が高まるようになります。

学問の分野では、大正デモクラシー（時代の雰囲気を表現したもの）の影響もあって、自由主義を基調にした学問・研究が広まります。経済学・経済史研究では内田銀蔵・河上肇らが、近代法学の分野では天皇機関説を唱えた美濃部《みのべ》達吉《たつきち》が学界・政界などから支持をうけました。

歴史学の分野では津田左右吉《そうきち》が日本古代史の実証的研究で、民俗学では柳田国男が民間伝承や行事の研究から日本の民俗学の確立に貢献しました。また哲学も人気を集め、西田幾多郎《きたろう》の

『善の研究』をはじめとして、阿部次郎、和辻哲郎らの理想主義や人格主義といわれる思想家が活躍しました。

また、**人文・社会科学の分野ではマルクス主義の影響を強くうけた知識人たちの存在があったことも、特色のひとつとなっています。**

文学の分野では、白樺派と呼ばれた武者小路実篤・有島武《たけ》郎《お》・志賀直哉らが活躍しました。白樺派とならんで耽美《たんび》派といわれた作家には永井荷風・谷崎潤一郎らがいます。芥川龍之介や菊池寛などは、時代をとらえた作品で文壇に登場しました。

また、社会主義運動や労働運動が思想啓蒙運動として展開するなかでプロレタリア文学が登場しました。

史上最大級といわれる関東大震災は大正日本に衝撃を与えた

第4章
近現代

【暴走する関東軍による満州国建国】
満州事変そして国連脱退

84
min
までおさらい完了

1920年代末頃、中国政府は中国全土を統一しようと高まった民族運動を背景にして、不平等条約・国権回復をすすめようとしていました。これに対して**日本政府は協調外交路線をとっていましたが、軍部は批判的でした。**日本国内の長びく不況や農村の崩壊を解決することのできない政府に対して、1931年、関東軍（日本陸軍）は満州を支配下におく計画から柳条湖《りゅうじょうこ》で満鉄線路爆破事件（柳条湖事件）をおこし、これを中国側のしわざとして軍事行動を開始、**満州のほぼ全域を占領してしまいました。これを満州事変と呼びます。**

関東軍は、清朝最後の皇帝愛新覚羅溥儀《あいしんかくらふぎ》を立て、傀儡国家の満州国建国を宣言させます。犬養毅内閣は反対の立場をとっていましたが、五・一五事件で海軍の青年将校に射殺され、斎藤実《まこと》内閣が成立すると、政府は軍部の圧力と世論に押されて満州国を承認するのでした。

中国は日本の一連の行動を侵略行為であるとして国際連盟に提訴をします。国際連盟はリットン調査団を派遣し調査の結果、満州における自治政府の樹立と関東軍の撤退を決議します。**孤立してしまった日本は、1933年、ついに国際連盟を脱退する旨を通告するのでした。**

満州事変

中国

不平等条約や
国権回復の
民族運動高まる

浜口内閣

中国との関係
改善をはかる

敵対　　敵対

日本軍部

満州を支配下におく計画—柳条湖事件
満州事変——1931年
満州のほぼ全域を関東軍が占領

関東軍

清朝最後の皇帝·愛新覚羅溥儀を立て
満州国建国を宣言させる
→中国は日本の侵略行為を国連に提訴
1933年、日本は国際連盟を脱退

Check!

愛新覚羅溥儀（1906～67年）

●満州国建国の宣統帝！

1912年に中華民国が建設されると、それまでの清国は滅亡してしまう。このとき追われた清朝最後の皇帝が愛新覚羅溥儀だった。静かに生活しているところを満州国建国のために、日本軍によりかつぎ出され、宣統帝となります。日中戦争後には戦犯となりますが、59年特赦により放免されるという数奇な運命をたどった。

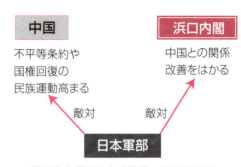

第4章
近現代

日中戦争と国家総動員法

【支配の拡大を狙う関東軍と中国軍の衝突】

85 min
までおさらい完了

満州事変のあと、満州を支配した陸軍はさらに支配の拡大を狙って、満州と中国国境付近でにらみ合いを続けていました。１９３７年北京郊外盧溝橋で日本軍と中国軍は衝突をおこすと、これをきっかけに全面戦争、日中戦争へと突入します。軍部は当初短期間での制圧が可能と予測したのですが、中国側は蔣介石の国民党と毛沢東の共産党の政権争いを一たん中止し、**日本軍に対抗するため国共合作による抗日民族統一戦線を組織したのでした。**

日本軍は苦戦を強いられ、ドイツを仲介として和平交渉をすすめますが失敗し、長期戦の構えとなりました。これによって、国内の自由主義的思想の弾圧が強化され、国民生活を政府が統制できる国家総動員法が成立しました。また国民の財産も政府の都合で没収されました。

日中戦争を東亜新秩序の建設と位置づけた日本政府でしたが、アメリカはこれを自国に対する挑戦ととらえ、中国を援助し日本へは経済制裁として日米通商航海条約の破棄を通告してきました。資材の入手がむずかしくなった日本は、新たに南方へ資源をもとめて進出を画策。**東南アジアへ大東亜共栄圏建設の名目で南進することは、アメリカとの対立を深めるものでした。**

日中戦争

満州事変　1931年

盧溝橋事件　1937年

（日本軍と中国軍の衝突）

日中戦争

（全面戦争）

争い中止
- 国民党（蔣介石）
- 共産党（毛沢東）

対立　関東軍

国共合作（抗日民族統一戦線）

日本

東亜新秩序の建設

国家総動員法

1938年

戦時体制の強化

アメリカ

日本へ経済制裁

日米通商航海条約の破棄　1939年

この時代の出来事

▼1931年
満州事変

▼1933年
国際連盟脱退

▼1937年
盧溝橋事件（日中戦争）

▼1938年
国家総動員法制定
東亜新秩序建設の表明

▼1939年
日米通商航海条約破棄
第二次世界大戦始まる

第4章 近現代

太平洋戦争への突入

【第二次世界大戦に乗じて南方進出を目論む】

86 min までおさらい完了

日本が中国大陸へ進出している頃、ヨーロッパではドイツにヒトラーのナチ党による一党独裁体制がおこり、イタリアでもムッソリーニのファシスト党による一党独裁体制が確立されていました。ヨーロッパ各地を侵略していたドイツが1939年にポーランドに侵攻を始めるとイギリスとフランスはドイツに宣戦を布告します。**第二次世界大戦の勃発です。**

当初、日本はヨーロッパ戦争には介入しない姿勢を保ちますが、ドイツの勢いを見た軍部が主導して1940年、ドイツ、イタリアと日独伊三国同盟を結びます。そして翌年、近衛文麿《ふみまろ》首相は大政翼賛会《よくさんかい》を設立すると、国民を戦争に動員することになり、実質的に**政党による議会制度は消滅することになります。**

1941年、日本は日米交渉を続けていたものの、一方で日ソ中立条約を結び、南方進出をすすめます。これに対してアメリカは、日本の南方進出阻止のために石油禁輸の措置で制裁を加えてきます。さらに満州を除く中国からの全面撤退を要求されると、陸軍出身の首相、東条英機は開戦を決意。12月8日、**ハワイ真珠湾を奇襲攻撃し、ついに太平洋戦争が始まったのです。**

太平洋戦争

世界情勢

中国大陸
日本

ドイツ
ナチ党
一党独裁体制

日独伊
三国同盟 1940年

イタリア
ファシスト党
一党独裁体制

ドイツ
ポーランド進攻

イギリス
フランス
宣戦布告

第二次世界大戦勃発　1939年
日独伊三国同盟締結　1940年
近衛文麿首相　大政翼賛会設立　1941年
東条英機首相、アメリカと開戦→太平洋戦争突入

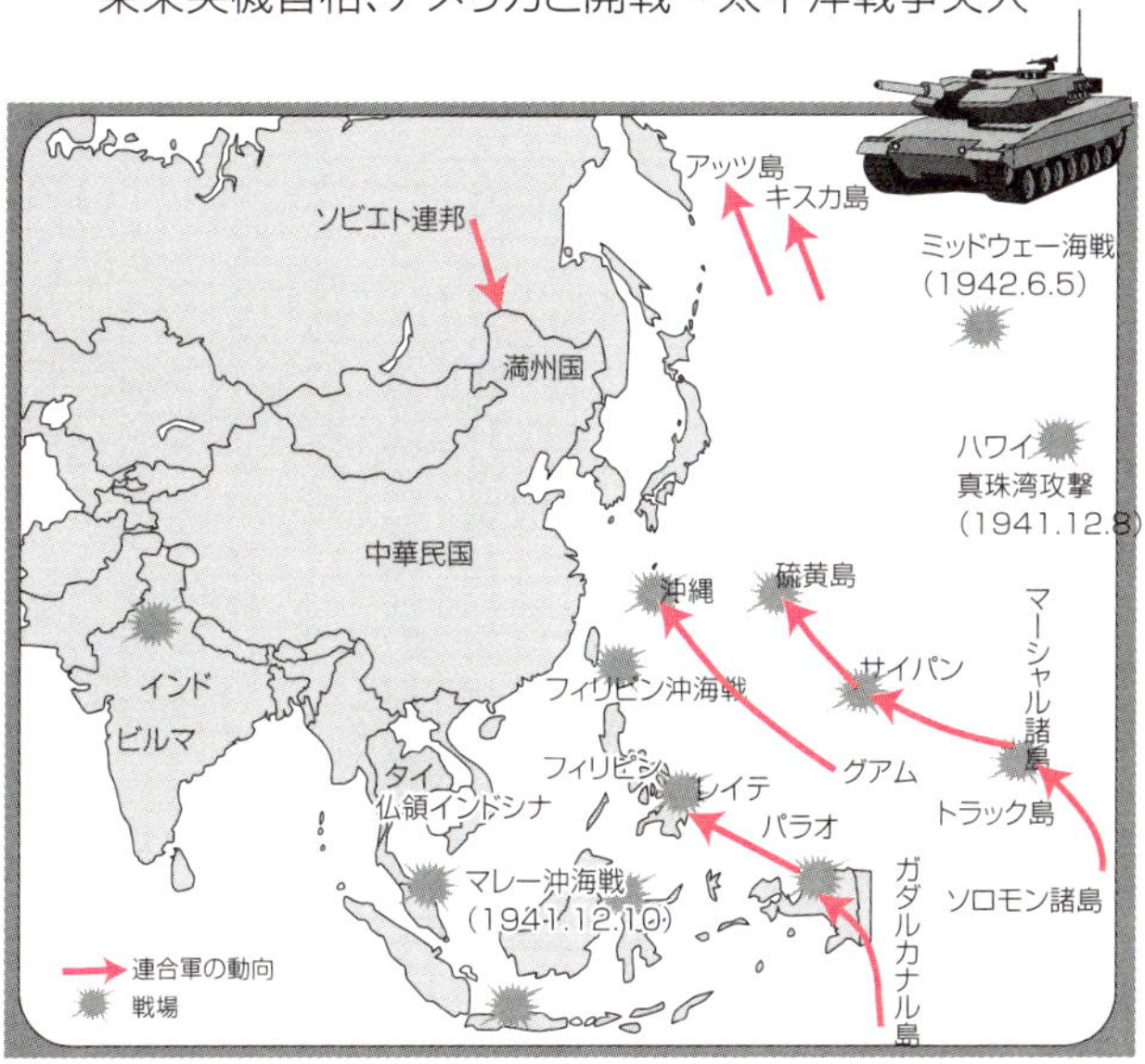

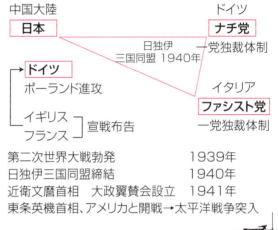

敗戦そして戦後
【大戦の終了とポツダム宣言受諾】

日本が米・英に宣戦を布告するとほぼ同時期に、独・伊もアメリカに宣戦し、**第二次世界大戦はヨーロッパ、アジア・太平洋地域を戦場とした大戦争となったのでした。**

日本は真珠湾攻撃から始まり、マニラ・シンガポール・ビルマなどに侵攻し連勝を続けますが、１９４２年のミッドウェー海戦で決定的な敗北を喫すると、その後は物量に優るアメリカ軍にアッツ島・サイパン島と次々に占領されていきました。

ヨーロッパでは１９４３年にドイツとイタリアが降伏。日本は敗退が続くなか、鈴木貫太郎内閣のもと、和平交渉を模索します。頼りにしていたのはソ連でしたが、**実はソ連はアメリカ、イギリスとクリミヤ半島のヤルタで会談した際に、対日参戦の密約を交わしていました。**

それを知らない日本政府は、米・英・ソ連の三国首脳によるポツダム会談で決定された無条件降伏の提案を黙殺、これを拒否ととらえたアメリカは広島・長崎に原子爆弾を投下します。

ここに至って日本は１９４５年8月15日、ポツダム宣言を受諾し、太平洋戦争は終結。**ここから日本は長らく連合国最高司令官総司令部（ＧＨＱ）の間接統治下におかれるのです。**

87
min
までおさらい完了

敗戦・戦後

日本が米・英に宣戦布告——同時期に独・伊も米に宣戦

第二次世界大戦

ヨーロッパ・アジア・太平洋地域を戦場とした
大戦争に発展した

1943年　ドイツ全滅
イタリア降伏

鈴木貫太郎内閣はソ連を介して和平交渉を考えていたが、ソ連はアメリカ・イギリスに3カ月前に対日参戦を密約していたのだった（ヤルタ会談）

このことを知らない日本は米・英・ソ連によるポツダム会談で決定された無条件降伏の提案を黙殺——これを拒否ととらえたアメリカは広島・長崎に原子爆弾を投下しする
ソ連は日ソ中立条約を侵犯し宣戦布告

ポツダム宣言受諾

1945年　降伏文書調印後、連合国最高司令官総司令部（GHQ）の間接統治下におかれることになった

第4章 近現代

民主化政策と日本国憲法制定

【主権在民・平和主義・基本的人権を明記】

88 min までおさらい完了

日本の戦後処理は、マッカーサー元帥を最高司令官とする連合国軍最高司令官総司令部（GHQ）による間接的統治ですすめられました。GHQは日本の非軍事化を徹底し、民主化政策を実施しましたが、その中心課題は、戦時体制を経済面で支えた財閥と既成地主制の解体で、三井・三菱・住友・安田をはじめとする財閥は資産を凍結されました。

農村では、国は大規模地主から土地を買い上げ、それを小作人に安く売るという農地改革を実施。労働組合法が制定され、労働者の地位は向上し、女性にも参政権が与えられました。教育では教育勅語が廃止され、教育基本法が定められます。**各政党も復活あるいは誕生し、軍国主義者は公職追放となりました。**

日本の民主化がすすめられるなかで最も重要な案件が憲法改正問題でした。

当初日本人によって行なわれた改正案でしたが、民主化が徹底されていないという理由から、総司令部によって作成されることとなりました。**新憲法では3原則、すなわち主権在民・平和主義・基本的人権の尊重が明記され、これによって天皇は国家元首から日本国の象徴になりました。**

民主化政策

GHQは日本の非軍事化を徹底―民主化政策5大改革をすすめる

経済の民主化

- 財閥解体（1945年）
- 第一次農地改革（1946年）
- 独占禁止法（1947年）

女性解放

- 衆議院議員選挙法改正
  婦人参政権（1945年）

労働組合

- 労働三法成立
  （労働組合法･労働基準法･労働関係調整法）

教育の自由主義化

- 軍国主義者追放（1945年）
- 教育基本法･学校教育法（1947年）
- 教育勅語の廃止（1948年）

政治的自由を保障

- 治安維持法･特高（特別高等警察）廃止（1945年）
- 軍国主義者公職追放（1946年）

1946年11月　日本国憲法公布
1947年5月　施行

第4章
近現代

国際連合の成立と冷戦

【西側（自由主義陣営）と東側（社会主義陣営）の対立】

1945年、第二次世界大戦後の国際平和を維持する機関として国際連合が発足しました。本部をアメリカ・ニューヨークにおき、全加盟国による総会のほかに、安全保障理事会が設けられ、アメリカ・ソ連・イギリス・フランス・中国が常任理事国となりました。

国連の発足に協力し合ったアメリカとソ連でしたが、両国はしだいに自由主義陣営（西側）と社会主義陣営（東側）の中心となって、対立を深めるようになります。冷戦の始まりです。

アジアの各国は、欧米諸国の植民地から独立を果たしますが、冷戦に巻き込まれ対立が生まれた地域もありました。ドイツはアメリカが支持する西ドイツとソ連が支持する東ドイツに分断され、両国は首都ベルリンに築かれたベルリンの壁で分かたれました。

朝鮮半島でも北緯38度線を境に、北はソ連が支援する朝鮮民主主義人民共和国（北朝鮮）、南はアメリカが支援する大韓民国（韓国）が建国され、1950年、朝鮮戦争を戦いました。

1949年には、中国では共産党が内戦で勝利をおさめ中華人民共和国が、毛沢東を主席として成立します。蒋介石《しょうかいせき》率いる国民党は台湾にのがれ、中華民国政府を存続させました。

89 min
までおさらい完了

新しい対立

国際連合発足　1945年

本部アメリカ·ニューヨーク
安全保障理事会設置

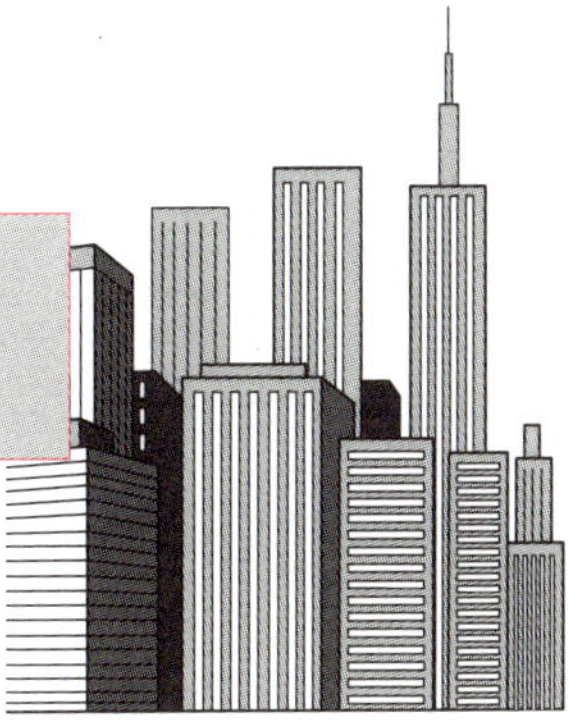

常任理事国
アメリカ·ソ連·イギリス·
フランス·中国

冷戦　自由主義陣営（西側）

対立

社会主義陣営（東側）

ドイツ

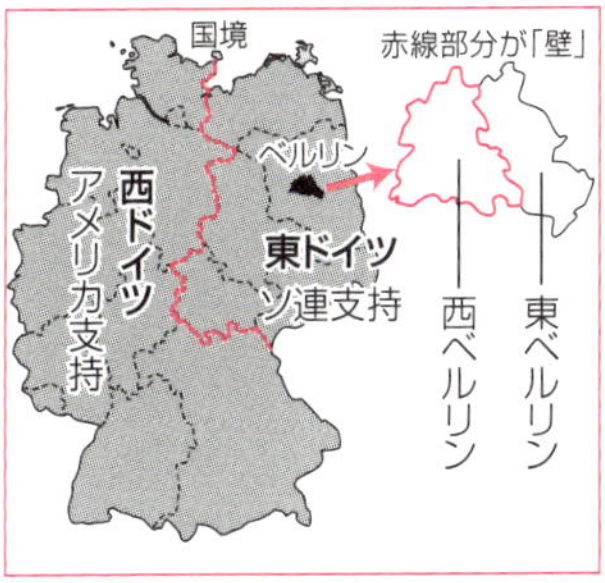

1989年にベルリンの壁崩壊

朝鮮半島

1949年、中国　中華人民共和国
（毛沢東主席）
国民党→台湾へ

第4章 近現代

占領政策の終了と講和条約

【アメリカの同盟国として占領終了】

当時のアジア情勢から分析した、冷戦の緊張対立関係の要衝地が日本であると判断したアメリカは、それまでの占領政策を転換します。**占領軍の権限を日本に戻し、アメリカの友好国として日本を経済的に復興させることにしたのです。**

アメリカは日本をソ連共産主義に対する防波堤とすべく、吉田茂内閣のときに、名目上は治安維持を目的とした警察予備隊を創設させます。**現在の自衛隊の前身となる組織です。**

また日本を拠点として朝鮮半島へ出兵したアメリカが、朝鮮戦争に必要な物資を日本に生産させこれを購入したことで、日本は軍事特需を足がかりに経済成長を遂げることになります。アメリカは日本を自由主義世界の一員として迎える方針を固めると、講和条約の締結を急ぎました。

日本政府内にはアメリカ中心の講和（講和条約の相手国は48カ国）に反対する声や、全面講和にするべきという意見もありましたが1951年、サンフランシスコ平和条約を調印しました。**これによって連合国による、7年間に及ぶ日本占領は終わりを告げ、名実ともに民主主義国家・日本国の歩みがはじまったのでした。**

90 min
おつかれさまでした！

占領政策の終了

それまでの占領政策から、アメリカの友好国として日本を経済的に復興させる方向へ政策を転換

朝鮮戦争で、日本はアメリカの同盟国とし――ソ連共産主義に対する防波堤とすることが有効と判断した

1951年
サンフランシスコ平和条約調印
→ 連合国による日本の占領終了

条約調印国（48カ国）	**欧米** アメリカ·イギリス·フランス·オランダ·オーストリア·ニュージーランド他 **アジア** イラン·イラク·サウジアラビア·トルコ他 **中南米** アルゼンチン·ブラジル·メキシコ他
調印拒否国（3カ国）	ソビエト連邦（当時） チェコスロバキア·ポーランド
会議不参加国（3カ国）	インド·ビルマ·ユーゴスラビア
会議非招聘の国	中華民国·中華人民共和国

課題として残されたのが領土問題·基地問題

◎主要参考文献

・詳説　日本史研究（山川出版社）佐藤信　五味文彦　高埜利彦 編ほか、２００８年
・もういちど読む 山川日本史（山川出版社）　五味文彦　鳥海靖 編、２００９年
・図解日本史（西東社）２００９年
・総図解　よくわかる日本史（新人物往来社）「歴史読本」編集部 編、２００９年
・日本全史（講談社）中野俊一　大石学　小林達雄　佐藤和彦 編ほか、１９９０年
・日本歴史館（小学館）、１９９３年
・読むだけですっきりわかる日本史（宝島社）後藤武士、２００８年
・日本史の舞台裏（青春出版社）　歴史の謎研究会 編、２００４年
・日本史の迷宮（青春出版社）三浦竜、２００８年
・つい誰かに話したくなる日本史雑学（講談社＋α文庫）日本社、２０００年
・「その時歴史が動いた」名場面30（三笠書房）ＮＨＫ取材班、２００７年
・新版 日本史辞典（角川書店）朝尾直広 宇野俊一 田中琢 編、１９９６年
・日本の歴史①〜㉑（集英社）児玉幸多 林屋辰三郎 永原慶二 編、１９９２年

・国史大辞典（吉川弘文館）国史大事典編纂委員会 編、1999年

◎写真出典

・飛鳥大仏　663highland ©663highland and licensed for reuse under Creative Commons Licence

・法隆寺金堂　663highland ©663highland and licensed for reuse under Creative Commons Licence

監修者略歴
宮瀧交二（みやたき・こうじ）
1961年、東京都生まれ。大東文化大学文学部教授。立教大学大学院文学研究科博士後期課程から埼玉県立博物館主任学芸員を経て、現職。専門は、日本史・博物館学。博士（学術）。現在、2018年4月に予定されている大東文化大学・歴史文化学科の設置準備を担当。著書・論文に、『岡倉天心　思想と行動』（吉川弘文館）、『列島の古代史　第3巻　社会集団と政治組織』（岩波書店）所収の「村落と民衆」ほか。

図解　90分でおさらいできる
常識の日本史

平成28年　10月21日第1刷

監　修　　宮瀧交二

イラスト　長野亨

発行人　　山田有司

発行所　　〒170-0005
株式会社　彩図社
東京都豊島区南大塚3-24-4
MTビル
TEL：03-5985-8213　FAX：03-5985-8224

印刷所　　シナノ印刷株式会社

URL：http://www.saiz.co.jp
https://twitter.com/saiz_sha

　ISBN978-4-8013-0182-5 C0021

本書は2010年11月に株式会社日本文芸社より刊行された『人物・事件でわかる日本史』を再編集したものです。